Karlwalther Rohmann

Braunschweig - so wie es war

Karlwalther Rohmann

BRAUNSCHWEIG

so wie es war

Droste Verlag Düsseldorf

Redaktion und Layout: Kitty Rehmer

Gesamtherstellung: Rheinisch-Bergische Druckerei-
und Verlagsgesellschaft mbH, Düsseldorf
ISBN 3 7700 0444 2

Braunschweig vom Windmühlenberg aus gesehen. Der Windmühlenberg war eine kleine Anhöhe, die das vollkommene Oval des Löwenwalles im Süden abschloß. Bei den Straßendurchbruchsarbeiten zum neuen Bahnhof wurde er abgetragen und damit die klassische Harmonie seiner Anlage, ein Werk Peter Johann Krahes, für immer zerstört. – In dem Buschwerk des Windmühlenberges nisteten viele Vögel. Als Friedrich Gerstäcker dort eierraubende Jungen erwischte, strafte er sie manu propria. Das trug ihm eine Anzeige und Verurteilung ein. Aus verletzter Ehre erlitt Gerstäcker einen Herzschlag.

»Braunschweig ist ein kleines Gedärm, verworren, ordnungslos mit Willkür aller verliebten Laune nachgebend, laufen die Gassen durcheinander. Kein Instinkt, kein Ordnungssinn hilft – man muß alle diese Därme aus Erfahrung kennen, sonst verirrt man sich.« Was für ärgerliche Erlebnisse mag wohl der Reiseschriftsteller Heinrich Laube (Reisenovellen 1834) gehabt haben, daß er so unfreundlich über die Welfenstadt schrieb? Waren es schlechte Betten, war es gar Ungeziefer, das den Schlaf raubte? Kaum! Braunschweiger Herbergen waren nicht schlechter, eher besser als die Herbergen seiner Zeit. Lag es etwa am Essen? Bestimmt nicht, für gutes Essen und Trinken war Braunschweig berühmt, singt doch sogar ein Lied, das beliebte »Mummelied«:

»Brönsewik, du leiwe Stad
Vor vel dusend Städen,
Dei sau schüne Mumme had,
Da ick Wost kann freten!
Mumme smeckt noch mal sau fien,
Ass Tockay und Mossler-wien,
Slackwost füllt den Magen,
Mumme settet Neiren-Talg
Kan dei Winne uut den Balg
Ass ein Snaps verjagen.

Wenn ick gnurre, kyfe, brumm',
Slepe mick mit Sorgen,
Ey so geft mick gude Mumm',
Bet taun lechten Morgen.
Mumme un ein Stümpel Worst
Kan den Hunger un den Dorst
Ok de Venus-Grillen,
Kulk, Podal-un Täne-Pien,
Sup ick tain Halffstöfken in,
Ogenblicklich stillen.

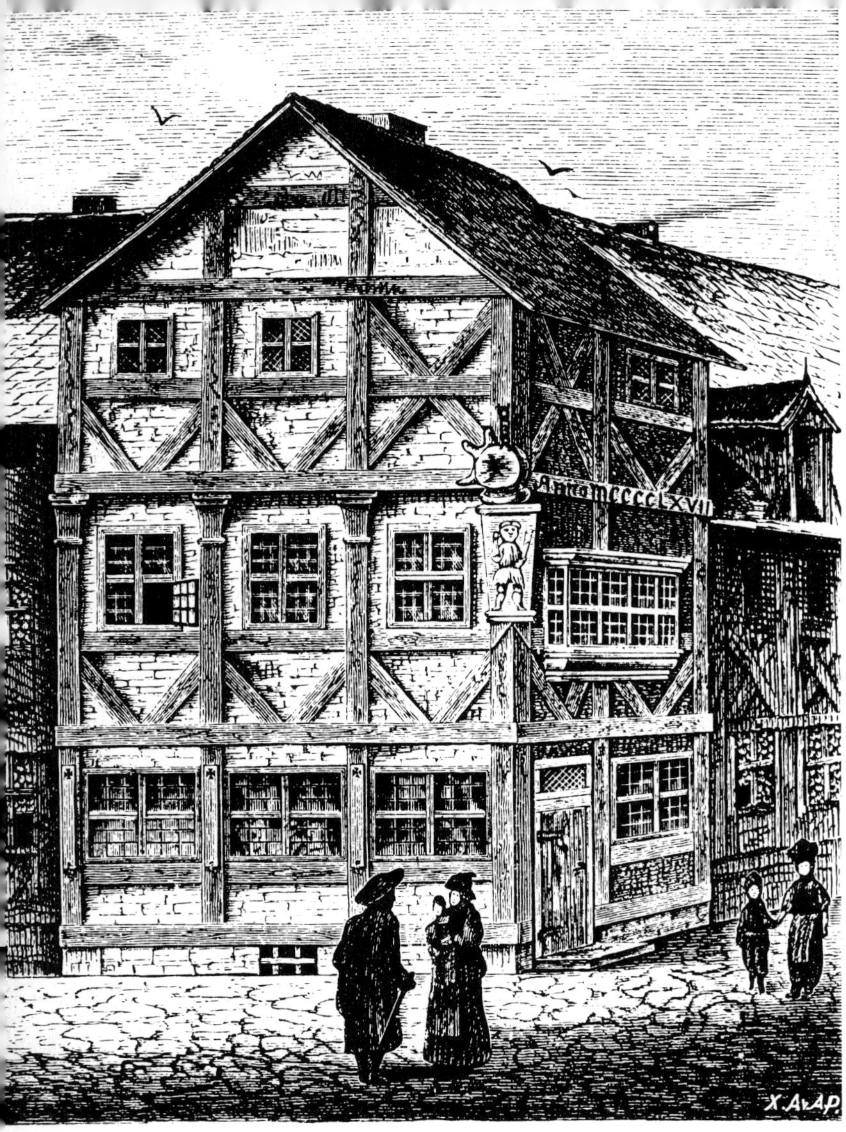

Hinrich mag dei Vöggel fangen,
Drosseln, Artschen, Finken,
Lopen mit den Liemen-Stangen,
Ick will Mumme drinken;
Vor dei Slackwost lat ick stahn
Sienen besten Uer-Hahn;
Kan ich Wost geneiten.

Seih ick mick nah nist mehr um,
Lat darup fieff Stoffken Mumm'
Dör de Kehle fleiten.
Je, ja, du ehrliche Braunschweiger Mumm',
Du stärkst das Herz, machst den Kopf
gleich dumm.

(Aus »Heinrich der Vogler«, aufgeführt im fürstlichen Theater zu Braunschweig 1718)

Und ein anderer Vers erzählt von den Freuden des guten Essens in der deftigen Sprache des Volkes:

»Nist daun,
slapen – freten – supen,
sachte gahn
un pupen – – –
dat sleit an!!!«

Älteste Darstellung des Mummehauses. Der Mann mit dem Paßglas, eine Art Markenzeichen, ist rechts oben an der Hausecke dargestellt. Mumme soll eine Erfindung von Christian Mumme sein (1492). Ein Paßglas ist ein hohes mittelalterliches Trinkgefäß, das zum Wetttrinken benutzt wurde. Es war mit Maßstrichen versehen, es war »abgepaßt«, um das erreichte Maß und damit den Sieger zu ermitteln.

Das Mummehaus am Bäckerklint war neueren Datums, Dort schenkten Schaffer in zünftigen Lederschürzen und Leinenkleidung Mumme zum Bier aus. Es war ein schöner Anblick, wenn die Schaffer auf dem weißen Bierschaum die braune Mumme in Spiralen ausgossen. ▷

Die Postkarte im Stil der Zeit 1899 zeigt alles, was es Gutes in Braunschweig an Eßbarem gab. Daß man dazu die Kulisse des wundervollen gotischen Altstadtmarktes »umfunktioniert« hat, ist sicherlich nicht sehr geschmackvoll, um im Bilde zu bleiben. Was allerdings geboten wurde, war ohne Zweifel »geschmackvoll«; der Spargel, aus dem das Rathaus gebildet ist, der Lebkuchen der Martinikirche, die Würste des Marienbrunnens ▷

Mumme-Haus

Heinrich!
mir grault's vor dir!
Gruss aus Braunschweig.

Auch der Herr Geheimrat Goethe, der in diplomatischer Mission 1784 in Braunschweig war, hat sich in keinem der vielen Briefe, die der Sehnsüchtige seiner Liebsten schrieb, darüber beschwert, daß die Gassen in Braunschweig so krumm seien und es so schwer sei, sich darin zurechtzufinden. Und wenn man die Laudatio Ina Seidels liest, versteht man die Schelte des Schriftstellers und Theaterleiters aus Sprottau in Niederschlesien noch weniger. Sie bleibt einmalig und merkwürdig dazu. Da schrieb der Reiseschriftsteller Johann Hermann Stöver doch wesentlich freundlicher:

»Die Stadt Braunschweig selbst hat hin und wieder noch ein sehr gothisches und altförmiges Aussehen und trägt die Spur hohen Alters noch in den vielen alten Gebäuden, die Du in mehreren Straßen findest. Die Bewohner sind ein guter und braver Schlag Leute, redlich, haushälterisch und treuherzig.« (1789)

»Merkwürdig« ist vieles in der Geschichte Braunschweigs, aber auf andere Weise. Es fängt schon bei der Gründung an. Kein Historiker vermag zu sagen, wann eine Gesamtstadt Braunschweig gegründet worden ist, kein »post urbem conditam« ist zu belegen, und die, die da sagen, Braunschweig sei überhaupt nicht gegründet worden, haben so unrecht nicht!

Es haben sich lediglich zu verschiedenen Zeiten rechts und links der Oker kommunale Gebilde angesiedelt, die, jedes für sich, völlig selbständig waren. Diese, fünf an der Zahl, entwickelten sich aufeinander zu. Die Weichbilde dehnten sich auf ein Zentrum zu, ohne sich jedoch zu einer Gesamtstadt zu vereinigen. Aus der Luftschau, wenn eine solche möglich gewesen wäre, würde allerdings das Bild einer Gesamtstadt vorgetäuscht worden sein.

Eckhaus Wilhelmstraße/Neue Knochenhauerstraße (Wendengraben). Es wird erstmals urkundlich 1322 erwähnt – also etwa 170 Jahre vor der Entdeckung Amerikas

Die letzten Reste der Originalstadtmauer, jetzt am Prinzenweg noch zu sehen. Man erkennt, daß die Höhe der Mauer wesentlich mehr beträgt, als die landläufige Vorstellung von den Maßen einer Stadtmauer ▷

Fallersleber Straße 27. Die Aufnahme entstand 1892. Die Balkeninschrift lautet: »Baltzer Junge, Anne Getels. Erbaut 1514 von Hans Ridder, noch 1665 im Besitz des Hufschmieds Baltzer Junge.« Es war fast das letzte Haus vor dem Thor. Dort konnten Reiter vor dem Ausreiten aus dem Thor ihre Pferde noch beschlagen lassen: gewissermaßen »letzte Werkstatt vor der Autobahn«. ▷

Wagenbauerei.
F. BAUERMEISTER.

Soweit die Geschichte die Brüder Bruno nennt, die das Herrendorf Altewiek gegründet haben sollen (1031 Gründung der Magnikirche), so mag das für diese Gründung gelten. Wenn man aber dann folgert, »Brunswic«, dieser Name tauchte auf, sei entstanden aus »Brunos vicus« = Brunos Dorf, und noch weiter haarscharf folgert, Braunschweig sei zu diesem Zeitpunkt »gegründet« worden, so macht man Fehler. Das Wort »wiek« hat nach Ursprung und Bedeutung nichts mit dem »vicus-Dorf« zu tun. Ähnlich ist es, wenn man Heinrich dem Löwen die Gründung zuschreibt. Nach neueren Forschungen gilt das auch nur bedingt von den Gründungen der Weichbilde Hagen und Sack. Wahrscheinlich hat der Herzog lediglich die Anregung gegeben. Der weitere Aufbau beider Weichbilde war eine Sache der Bürgerinitiative.

Die Sehnsucht, eine Gründungszahl zu entdecken, hat zu merkwürdigen Verirrungen geführt. So wurde vom 19. bis 21. August 1861 die Feier des angeblich 1000jährigen Bestehens der Stadt Braunschweig gefeiert. Man begründete das Datum mit einer unhaltbaren chronikalischen Notiz. Den Irrtum sah man allerdings bald ein, doch da war das Malheur schon passiert. Wie man es auch nimmt, jedenfalls hat Braunschweig schon eine 1000-Jahr-Feier hinter sich. Was aber soll werden, wenn nun eine zweite, vermutlich begründetere Millenniumfeier für Braunschweig fällig wird?

Grabmal Heinrichs des Löwen und seiner Gemahlin Mathilde im Dom zu Braunschweig. Der große Fürst war von Gestalt eher klein. Sein Skelett weist eine Länge von 1,62 m aus. Die Bildhauer haben dies jeweils ein wenig korrigiert bei ihren Werken

Es gibt fast ein halbes Dutzend geschichtlich belegter Zahlen:
1031 Altewiek, 1204 Altstadt, 1224 Hagen, 1290 Sack, 1287 Neustadt, von denen allerdings keine eine Gründungszahl der Stadt Braunschweig ist. Die einzig authentische Antwort gibt der Historiker Dr. Kleinau: »Braunschweig ist eine aus fünf Weichbilden zusammengesetzte Gruppenstadt. Die Zeit der ältesten städtischen Entwicklung und Lage einer Marktsiedlung sind umstritten und infolge versäumter planmäßiger und nachhaltiger Bodenforschung nach 1945 schwerlich noch aufklärbar. Auch für das seit 1945 zu jenen Fragen erschienene Schrifttum empfiehlt sich daher kritische Benutzung.«

Krypta von 1687 mit den Gräbern der neueren Braunschweiger Herzöge

Und so ist es. Von den fünf Weichbilden: Altewiek, Altstadt, Neustadt, Hagen und Sack, waren alle, jedes für sich, ein völlig selbständiges kommunales Gebilde. Jedes Weichbild hatte seine eigene Kirche, Altewiek sogar ihrer zwei, die Altstadt nannte gar vier Pfarrkirchen ihr eigen, wofür allerdings der Sack, klein wie er war, keine eigene Kirche besaß. Auch hatte jedes Weichbild sein eigenes Rathaus und übte im niederen Recht seine eigene Gerichtsbarkeit aus, es hatte seinen eigenen Bürgermeister und Rat. Die Gewalt lag beim Rat, und sollte je landesherrlicher Einfluß bestanden haben, so wurde er planmäßig zurückgedrängt. Braunschweig, ein bedeutendes Mitglied der Hanse, galt als Freie Stadt, sie vertrat sich selbst auf Reichstagen. Die kommunale Gemeinsamkeit hatte als Grundlage lediglich den 1269 vollzogenen Zusammenschluß zum »Gemeinen Rat« und etwas später die ebenfalls von allen Weichbilden beschlossene »Neue Ratsverfassung von 1386«. Das war die große Zeit der »Civitas nostra Bruneswic«, aber noch lange keine Gründung einer Gesamtstadt Braunschweig! In dieser Zeit entstand das stolze Wort:

»van der göde goddes is Bruneswich
en vriy stad, dit scolen weten de
na us tokomende sin.« (1345)
(Durch Gottes Güte ist Braunschweig
eine freie Stadt. Das sollen die
nach uns Kommenden wissen.)

Doch der Sand im Zeitenglase rinnt, und weltweite Ereignisse erschütterten die europäische Welt. Die Hanse verlor ihre Macht, der Dreißigjährige Krieg tat das übrige. Braunschweig, nicht geschützt und gestützt durch den Schild der Hanse, mußte sich allein behaupten. Es lavierte mit anerkennenswertem Geschick zwischen den Fronten. Es wußte sich stets auf die Seite des jeweiligen Siegers zu stellen und entging damit der Zerstörung, wie sie die Nachbarstadt Magdeburg erleiden mußte. Doch kostete solche Diplomatie die letzten Reste städteherrlichen Kapitals. Braunschweig blutete förmlich aus.

Herzog Rudolf August, der Bezwinger der freien Hansestadt Braunschweig

Jetzt schien die Zeit zu kommen, da die Herzöge das seit Jahrhunderten unbotmäßige Braunschweig in den Griff bekommen konnten, die geschwächte Stadt vermochte einer Belagerung keinen Widerstand entgegenzustellen. In dieser Zeit wuchs in Hitzacker an der Elbe der Erbprinz Rudolf August, der spätere Herzog, heran. Das Verhältnis der Stadt Braunschweig zu ihm entbehrte nicht eines besonderen Reizes. Der Rat hatte Patenstelle an dem jungen Prinzen übernommen. Nicht aus Liebe zu dem Kinde, nein, es war eine sehr kühle Rechnung, er wollte sich die Dankbarkeit des Patenkindes sichern. Darum subventionierte er die Privatschatulle des Prinzen regelmäßig und sehr gut. »Puttjehupp«, sagt man in Braunschweig, wenn man meint, das kommt anders, als man glaubt. Jedenfalls kannte das Hätschelkind keinen Dank. Kaum, daß Rudolf August mit etwa 40 Jahren regierender Herzog geworden war, begann er die Belagerung der Stadt, da der Rat die vorweggegangene Aufforderung, sich freiwillig zu ergeben, abgelehnt hatte. Auf der Seite des Herzogs standen 12 000 Soldaten, die Stadt verfügte über 250 Söldner, dazu unfähige Hauptleute und ein leeres Zeughaus. Ende Mai 1671 hatte die Beschießung vom Nußberg her begonnen, und schon am 12. Juni 1671 zog Herzog Rudolf August in das besiegte Braunschweig ein.

In der Folge wurden die Weichbilde zusammengelegt, die Ratskollegien vereinigt. Die Zahl der Bürgermeister wurde auf vier verringert, ebenfalls schmolzen die Kämmereistellen von elf auf vier zusammen, und die Anzahl der Ratsherren wurde von bisher einunddreißig auf acht zusammengestrichen. Der Rotstift wütete in der Verwaltung, es galt jetzt nur ein Stadtregiment. Westermanns »Lexikon der Geographie« schreibt dazu: »Damals wurden die bisher selbständigen Weichbilde zur Gesamtstadt Braunschweig vereinigt.« Die Frage des Eingangs: Wann wurde eigentlich Braunschweig gegründet? ist, wenn überhaupt, nunmehr so zu beantworten: 1671! Man bedenke, nach 600 Jahren des Kämpfens, des Fleißes, des Handelns und der Erfolge wurde diese Stadt erst 1671 gegründet (wenn auch der Spatenstich durch fürstliche Hand fehlte).

Von Stund an trat ein Wandel ein, der Hansesche Stolz, der unbändige Freiheitsdrang, sie waren dahin. Nun wollte die besiegte Stadt nur noch die Stadt ihrer Herzöge sein. Eine charmante, manchmal langweilige kleine Residenz, mit allen ihren Reizen und liebenswerten Schwächen. Man schaute nur noch nach der Hofhaltung, weltweites Denken und Planen gab es nicht mehr. Man war ungeheuer stolz, wenn man zur Audienz oder gar zu Hoffesten geladen wurde, das ersehnte Ziel der Kaufmannschaft war nur, »Hoflieferant« zu werden. Handwerkerfleiß legte den Grundstock zu neuem Reichtum, fürstlich geförderter Merkantilismus belebte einen soliden Binnenhandel mit Getreide, Leinen, Wolle, Manufakturwaren. Messen und Märkte wurden ausgeschrieben, bürgerliches Kapital strömte in die Stadt, Kunst und Wissenschaft wurden gepflegt, geniale Baumeister verschönten das Stadtbild. Namen wie Lessing, Gerstäcker, Raabe, Ina Seidel, Ricarda Huch, Gauß und begnadete Musiker wie etwa Spohr trugen den Ruhm dieser nunmehr jungen Stadt in alle Welt. Fürstliche Bauten, Villen im Kranz der geschleiften Wälle reicherten den Kern des mittelalterlichen Braunschweig an. So entstand die Stadt, von der Ina Seidel schrieb:

»Daß diese Stadt so zauberhaft war, lag wohl daran, daß sich hier alte und neue Zeit in einer Harmonie durchdrangen, wie ich sie sonst nirgends in Deutschland angetroffen zu haben meine. Braunschweig, wie es bis 1944 erhalten war, war aus seinem innersten und ältesten Stadtkern hervorgewachsen gleich einem edlen Kristall durch allmähliche Auflagerung wesensgleicher Schichten. Die Kräfte, die dem ursprünglichen Keim der glückbegünstigten Stadt innewohnten, bewährten sich und prägten dem auch noch im neunzehnten Jahrhundert jenseits der Wälle und des Okerringgrabens entstandenen breiten Gürtel neuer Stadtteile ihr sanftes Gesetz auf. Braunschweig war ein geschlossenes Gebilde und in dieser Geschlossenheit ein einzigartiges Kleinod.«

Die Alte Waage, wohl eines der schönsten mittelalterlichen Gebäude. Unser Bild zeigt die besonders abwechslungsreichen Ziegelsteingefache. Im Hintergrund der »lange« Andreas. Hochherzige Kunstfreunde wollen jetzt darangehen, das Haus in seiner alten Gestalt wieder aufzubauen. Das wäre eine große Tat, ähnlich der des Wiederaufbaus des Neustadtrathauses. Die größten Schwierigkeiten dürften in der Beschaffung von altem, abgelagertem Eichenholz liegen

Das Haus »Ölschlägern 40« wurde 1530 erbaut, 1944 zerstört. In den letzten Jahren war darin der »Bayerische Hof«, eine Gastwirtschaft, die von Zimmergesellen bevorzugt wurde. Die Inschrift der laubstabgezierten Balken lautete: »an dem verden Junii upgericht / des spotters uggelik achte wy nicht anno dm M ccccc unde xxx iare / Is duth gebwet dat ys ware«

Man muß keine Rabennatur sein, um diese Schönheit in sich aufnehmen zu können. Schon die eigenartigen Gassennamen können die Phantasie bewegen: Ruhfäutchenplatz, Flohwinkel, Jöddenstraße, Kattreppeln, Käthgenhagen, Jodutenstraße ... Was sind »Ruhfäutchen«? Waren in der Gasse »Kattreppeln« besonders viele Katzen beheimatet? Damit kein Zweifel besteht, schon längst sind die Straßennamen Braunschweigs nach Herkunft und Etymologie gedeutet worden, doch davon wird die Eigenart der Gassennamen nicht berührt. Im »Jodutenstraße« hört man den wilden Ruf sozialer Aufstände. J-o-d-u-t-e langgezogen und schrecklich hallt der Ruf an den Häuserfronten wider, reizt das Blut zum Kampf der Unterdrückten gegen ihre Unterdrücker und läßt die Herzen der Frauen und Kinder zittern. Ist »Mandelnstraße«, »Güldenstraße« der Märchenwelt von der Goldmarie und Hans im Glück entnommen? Läuft uns nicht das Wasser im Munde zusammen bei den Namen, »Kaffeetwete« oder »Knochenhauerstraße«, dort, wo redliche Fleischer ihre köstlichen Würste anboten? Jöddenstraße, Marstall, lassen sie nicht ein Bild mittelalterlichen Lebens erstehen? Jöddenstraße?, ein Judengetto?, und »Marstall«? Wir sehen und hören Rosse stampfen, Reisige pflegen die schweren Kaltblutpferde in den anliegenden Stallungen, aus denen Tierwärme uns entgegenschlägt. Roßbuben schleppen Eimer zum Tränken, putzen Geschirr, Ketten klirren, Wiehern erfüllt die Luft, Hunde bellen. Im Dämmern eines neuen Tages leuchtet Schmiedefeuer, und der Takt der Hämmer auf dem Amboß klingt in unsere Ohren.

Die beliebte Gaststätte »Brauwers«, dort wurde das wohl gepflegteste Bier gezapft. Die wehmütige Erinnerung eines Braunschweigers (wie often drank bi Brauwers ik Beir, ok mal Rum) verliert sich im Gedenken an schöne, nie wiederkehrende Stunden

Eine der alten Honigkuchenbäckereien August Mahn im Hause Hintern Brüdern. Es gab viele Bäckereien, die köstlich duftende Leb- und Honigkuchen herstellten

Das Haus Sack 5 wurde 1536 von dem reichen Junggesellen Huneborstel erbaut. In den Jahren vor dem Abbruch (1900) wurde es von dem Bierbrauer Demmer bewohnt. Der Rat der Stadt kaufte die wertvolle Front auf und ließ das Gebäude am Burgplatz 2a wieder errichten. (1902) Dabei wurde das Erdgeschoß, auch die Toreinfahrt den neuen Bedürfnissen entsprechend verändert. Hier ist das ursprüngliche Haus dargestellt

Der alte Stern am Kohlmarkt. Schon 1356 wurde das Haus »to dem guldenen Sterne« erwähnt. Indessen ist es wahrscheinlich schon etwa 1309 erbaut. Am 1. April 1894 wurde den Bewohnern gekündigt, weil an die Stelle dieses herrlichen Hauses ein ». . . monumentaler fünfstöckiger Neubau in deutscher Renaissance errichtet werden soll, dessen zum Kohlmarkt zugewandte Front ein würdiges Gegenstück zur Gewandhausfront bilden soll«. Hochherzige Männer brachten 100 000 Goldmark zusammen, um den alten Stern vor dem Abbruch zu retten. Vergeblich. Hier stieg schon Lessing gern ab und empfahl das Gasthaus seiner Braut Eva König: »Aber in der Rose müssen Sie nicht logieren, sondern gleich daneben im ›Stern‹. Da ist jetzt mein Absteigequartier und Zimmer und alles ist besser . . .«

Rechts im Blickfeld, das Haus mit dem kleinen Vorbau, das Sterbehaus Lessings am Ägidienmarkt. Es war nicht seine Wohnung, er war dort nur zu Besuch

Das Geburtshaus des Mathematikers und Astronomen Karl Friedrich Gauß. Geboren am 30. April 1777 zu Braunschweig, Wilhelmstraße 30, gestorben am 23. Februar 1855 zu Göttingen, seit 1807 Professor und Leiter der Sternwarte in Göttingen. – Vor dem Haus floß der Wendengraben, in den der Dreijährige beim Spielen stürzte. Die Rettung kam in Gestalt eines Nachbarn, der ihn mit der Harke herausfischte

Das gotische Rathaus blieb der Stadt Braunschweig erhalten. Es gehörte damals und gehört auch noch heute zu den schönsten Rathäusern Deutschlands, obwohl man bei Stendhal nachlesen kann: . . . »die dem Gothischen eigentümliche Häßlichkeit . . .« Er sprach vom Altstadtrathaus. Im Keller des Gebäudes war der »Peinkeller«, die Folterkammer, die einzige Braunschweigs

Ina Seidel ist keine Geburtsbraunschweigerin. Ihr Vater, Dr. med. Seidel, zog zur Adolfstraße 54, als Ina sechs Monate alt war. Sie hat zehn glückliche Kinderjahre hier verlebt und Braunschweig immer als ihre Vaterstadt angesehen. Ihre große Seele liebte diese Stadt: »Braunschweig, mein altes Braunschweig, wie es unzerstörbar in meiner Erinnerung steht, vom Morgenlicht der Kindheit umflossen, so lange ich lebe, kann es nicht untergehen.«

Das » Collegium Carolinum«, der Vorläufer der heutigen Hochschule, am Bohlweg neben (heute) Café Wagner

Kröppelstraße mit Blick auf die Alte Waage. Ganz rechts am Bildrand ist die »Liberei«, das mittelalterliche Bibliotheksgebäude der Andreaskirche, sichtbar. Besonders interessant ist, daß dieses Bauwerk das einzige in Braunschweig ist, das vollkommen aus Ziegeln errichtet wurde. – Wilhelm Raabes »Hungerpastor« spielt im Milieu der Kröppelstraße

Portal Gördelinger Straße. Dieses Portal wurde nach dem Wiederaufbau des Hauses am alten Platz belassen

Weberstraße im Licht des Sonnenaufgangs

Schönes Portal im Hause der durch Bomben vernichteten Hagenmarktapotheke. Heute ist dieses Portal an der Marktseite des Gewandhauses eingebaut. Die meisten der Portale schöner Bürgerhäuser, die dem Feuersturm entgangen sind, haben inzwischen eine neue Heimat gefunden

Nicht viel jünger, eher noch älter sind die Häuser in der Jakobstraße

Wilhelm Raabe im Kreise seiner Freunde, der »Kleiderseller«. Kleiderseller nannte man in Braunschweig die Trödler, die alte Kleider aufkauften. Der Freundeskreis Raabes sammelte die alten schönen Bauerntrachten aus den Dörfern um Braunschweig. Das führte zu dem Scherznamen »Kleiderseller«. Am 9. Oktober 1949 wurde der Weg an der Mauer in Riddagshausen zum »Grünen Jäger« »Kleiderselllerweg« benannt

Das alte Abt-Denkmal vor dem Theater (heute durch ein viel nüchterneres ersetzt). Franz Abt – 1819/1885 – er hat ursprünglich Theologie studiert – war Kapellmeister und Tonsetzer und hat neben Bernburg und Zürich auch 30 Jahre in Braunschweig verbracht. Unser Denkmal symbolisiert sein Lied »Wenn die Schwalben heimwärts zieh'n«

Inneres der Brüdernkirche

Auf dem Grabstein, das Freunde des genialen Tondichters Heinrich Werner ihm erst 1914 setzten, obschon er 1833 in Braunschweig gestorben war, steht: »Hier ruht der Sänger des ›Heiderösleins‹, Heinrich Werner, geb. am 2. Oktober 1800, gest. am 3. Mai 1833.« – Der Stein für den früh Verstorbenen stand auf dem Ulrici-Friedhof und ist leider verschwunden

Nördliches Seitenschiff des Domes. Die Ausmalung erfolgte etwa 1884/86 durch den Hofmaler Quensen. Die Empore im Hintergrund des Bildes ist die Loge für die Herzogliche Familie. Die Bemalung wurde 1935 entfernt und durch die heute noch sichtbare ersetzt

Nicolai-Kirche am Sandweg, 1944 von Bomben zerstört.

Inneres der Nicolai-Kirche

Kanzel der Kreuzkirche Riddagshausen

Straßenszene in der Weberstraße, Blick zur Andreaskirche und zur Alten Waage

Die Altstadt im Winterkleid

Häusergruppe an der Schützenstraße

Meinhardshof bei Nacht

Meinhardshof bei Tage

Blick in die Lange Straße

Ob am Tage im Glanz der Sonne, ob bei verhangenem Himmel, ob im Morgen- oder Abenddämmern, ob zur Nachtzeit, wenn der schwere Schritt des Wächters dumpf widerhallt, ob Schneeflockenfall die engen Gassen noch näher aneinanderrücken ließ: immer waren sie schön, diese alten, krummen Gassen. Und wer einmal in der Weberstraße, in der Langenstraße, und was für eine Gasse es gewesen sein mag, sein Zuhause in einem der alten Häuser gehabt haben mag, wer dort geboren ist und seine Kindheit dort verlebte: nie wird ihn die Sehnsucht nach Braunschweigs Straßen verlassen. Herrlich war es, die kühle Reinheit herber Schneeluft einzuatmen, zu sehen, wie die alten Häuser sich wie wohlig in den Schnee kuschelten. Dort leuchtet der Mond glitzernd und gleißend auf steile Dächer, er hebt durch Schattenkontraste Schnitzereien an Balken, Treppenfriese, eine geschnitzte Anna oder Barbara, einen Mönchskopf oder eine derbe geschnitzte Neckerei hervor.
Nicht weniger traumhaft stimmt ein Gang über stille Marktplätze, deren Tagesgeschäftigkeit zur Ruhe gegangen ist. Sie sind umstanden von der Egmontkulisse würdiger Patrizierhäuser, inmitten ein alter Brunnen. Kaskaden silberner Tropfen sprühen im Licht des Mondes wie glitzernde Edelsteine und fallen plätschernd wieder in ihr Element zurück.

Am Burgplatz erhebt sich der Löwe ehern schweigend, doch wachsam und trotzig gen Osten drohend, gegen den Sternhimmel ab. Der ehrwürdige Dom, die Burg, wenn auch nicht dem Mittelalter entstammend, sind in Dämmerlicht getaucht und zeigen doch die Größe und Schönheit einer Baukunst, die noch aus natürlichen Quellen ihre Kraft empfing. An Wintertagen, wenn die heitere Geschäftigkeit der Bewohner, wenn Lachen und Schneeballwerfen die Gassen erfüllte, wenn Schlittenkufen herrschaftlicher Schlitten den Schnee kaum berührten, fernher die Silberglöckchen noch zu hören waren, dann zeigte sich, daß gesunde und tüchtige Menschen hier zu Hause waren und das Leben packten, wie es sich bot. Ina Seidel, die Wahlbraunschweigerin seit ihrer Kindheit, erlebte solche Winter: »Im Winter wirkten die Bürgersteige mit dem festgetretenen Schnee und dem darüber gestreuten braunen Ockerkies wie Milchreis mit Zimt.«

Zur Weihnachtszeit verwandelten sich der Hagenmarkt und die andern Märkte in einen duftenden Tannenwald. Über den ganzen Marktplatz zogen sich wahre Straßen mit Tannenbäumen, kaum noch blieb Platz für den Käuferstrom. An der Ecke Bohlweg boten die Fenster des Konditors Wagner köstliche Christfestherrlichkeiten und leckeren Christbaumbehang, die Schaufenster von Friedrich Lüders auf der Hagenbrücke waren belagert von Kindern, die ihre Näschen an der Scheibe plattdrückten, um all die Weihnachtswünsche so nahe wie möglich zu sehen. Noch im Traum sahen sie die Puppenküche mit dem kleinen Blechherd, mit Spiritus beheizt, die Puppen mit dem Lederbalg und dem Porzellankopf, den Soldatenpanzer aus Pappe, den Säbel, das Holzgewehr. Es lag überall eine geheimnisvolle, festliche Stimmung in der Luft.

Wenn aber auf den Wällen rund um die alte Stadt der Flieder überreich seinen Duft verströmte, wenn Goldregentrauben sich in Blüten- und Farbenpracht erschöpften, dann füllten sich die gleichen Märkte mit den Ständen der Gärtner aus Braunschweig und Wolfenbüttel. Berge von Erd-, Johannis- und Himbeeren in herrlicher Frische, leuchtendrote Radieschen und sattgrüner Salat bestanden am Ende doch vor den kritischen Augen der Hausfrauen und Dienstmägde, die für ihre Herrschaft einkauften. Hier war pulsierendes, farbiges Leben. Auch dem Landgerichtsdirektor Rossmann entging es nicht, und sein für Braunschweig kennzeichnendes Lied von der treuen Rieke ist dadurch zu einem Stück Braunschweig geworden:

Die treue Rieke
17 Jahre war ich grade, als ich kam in diese Stadt,
Wußte gar nicht, was die Liebe und das Herz zu sagen hat.
Infantristen und Husaren waren alle mir egal,
Zivilisten, das versteht sich, guckt ich an noch nicht einmal.
Bis ich ihn zuerst geseh'n auf dem Markt vorübergeh'n.
Jesus! Wie erschrak ich da, als er mir ins Auge sah!
(Refrain: Und da dacht' ich und da fühlt' ich, daß das höchste Erdenglück für das Mädchenherze bleibt, des Geliebten warmer Blick!)

Auf dem Kohlmarkt stand ich gerade bei 'ner Kiepe weißen Kohl;
Einen Kohlkopf in den Händen, dacht ich: »Ach, den möcht's du wohl«,
Und da kam er plötzlich näher und sprach mich so freundlich an,
Und er sagte: »Fräulein«, sagt er, »ach wo dienen Sie denn man?«
Wußte mir so viel zu sagen, wollte mir die Kiepe tragen.
Doch ich sprach: »Das leid' ich nie! So was schickt sich nicht für Sie.«

(Refrain)
Und von da ab dacht' ich immer, immer wieder nur an ihn,
Und so zog es auch ihn selber wieder gleichfalls zu mir hin;
Denn kaum daß ich spät am Abend aus der Haustür einmal sah,
War auch schon der rauhe Krieger, mich erwartend, wieder da;
»Haben Sie schon einen Schatz?« – Ganz verschämt sprach ich. »Ach was!«
»Könnt ich es denn nicht sein? Konnte ich da sagen: »Nein?«
(Refrain)
Sonntags gingen wir nach Ölper miteinander auf den Ball,
Und wir walzten miteinander, ach so viele, viele Mal.
O wie selig, wenn man dichte an den Schnürenrock geschmiegt,
An des Liebsten starkem Arme durch den Saal von dannen fliegt.
Und man hört dann hier und dort flüstern leise solch ein Wort:
»Hofraths Rieke ihr Soldat, das ist doch 'nen wahren Staat!«

(Refrain)
Solch ein Leben war zu schön, deshalb hatt' es kein'n Bestand,
Denn es kamen die Franzosen mit der Waffe in der Hand.
Und die 92er mußten ins Franzosenland hinein,
Ach was gab es da für Tränen, für ein Heulen, für ein Schrei'n!
Oh, er ist ein 92er, Heinrich Engelke, mein Einz'ger.
Diese Zahl geht mir darum immer in dem Kopf herum!

Schon 1928 hat Dr. h.c. Helmut Meier diese Aufsicht gezeichnet. Hier stimmt jede Hausfront, und jede Ecke entspricht der Wirklichkeit. Unser Bild zeigt den Blick vom Bäckerklint auf die Straßen der Altstadt. Dr. Meier ist es gelungen, jenes Flair einzufangen, das die Alte Stadt wie eine Märchenstadt wirken läßt ▷

In allen Gassen rings herum welch traulich lustiges Gesumm? Welch Treiben überall umher, als wenn's nicht frost'ger Winter wär! (Avenarius)

Weberstraße im Schnee

Hagenbrücke mit Blick auf die Katharinenkirche. Im Vordergrund rechts, auf unserem Bild leider nicht mehr erkennbar, war an der Ecke das Spielwarengeschäft von Lüders, der Traum aller Kinder

Der Kohlmarktbrunnen

◁ *Der Altstadtmarkt – unsere Aufnahme um 1900 – ist der einzige Platz, auf dem noch heute wöchentlich Markt abgehalten wird*

◁ *Die über die Grenzen Braunschweigs hinaus bedeutende Geigenbauerdynastie der Rautmanns läßt sich aus Anlaß des 50jährigen Jubiläums 1894 fotografieren. Man beachte, da gab es weder Sekt noch kaltes Büfett, man kam zum »Ablichten« aus der Werkstatt und ging sofort wieder an die Arbeit. – Carl R., er ist in der Bildmitte zu sehen, war ein eigenwilliger Mensch, der sich seiner Kunst sehr sicher war. Einmal zerschlug er eine seiner Geigen vor den Augen eines nörgelnden Hoftheatermusikers: »Sau - - - aeber nu rut, nist wie rut - - un dat Sei mick nich wedderkomet . . .!« (So, aber nun raus, nichts wie raus, und daß Sie mir nicht wiederkommen . . .)*

Kasernement des
III (Leib-) Batl. Br. Jnf. Rgt. 92

Der Dom mit dem Burglöwen

◁ *»Wenn die Soldaten durch die Stadt marschieren/Öffnen die Mädchen Fenster und die Türen.Ei warum? Ei darum!/Ei bloß wegen dem Tschingdarassa, Tschingdarassa Bumm . . .« Kaserne an der Korfesstraße.*

◁ *Am 11. August 1907 wurden die vier Soldatenschmuckfiguren auf der Fallersleber-Tor-Brücke aufgestellt. (Bildhauer Hermann Siedentop.) Sie wurden im zweiten Weltkrieg entfernt und wahrscheinlich eingeschmolzen*

»Stadt Salzwedel«, neben dem Bierbaumschen Haus auf der Fallersleber Straße

Das Konservatorium von Max Plock galt als zuverlässig und seriös, ein zweites Konservatorium war Hagenmarkt 18 (Wegmann)

Ausspannhof »Stadt Leipzig« am Hagenmarkt 14, neben der Markthalle

Innenhof Neue Straße 26, Hut-Lange ▷

Innenhof eines Bürgerhauses ▷

Blick in den Hof des Hauses von Franquet, Steinweg 4 ▷

»Zur weißen Taube«, der Ausspann zu Füßen der alten Petrikirche ▷

Front des Markthalleneinganges, Hagenmarkt 13. Dort lebte die Familie des Advokaten William Huch, dort wurde auch Friedrich Huch geboren. Dies ist gleichzeitig der Ort, wo der Roman »Mao« von Friedrich Huch spielt. Friedrich Gerstäker, der Großvater von Friedrich Huch, war hier oft zu Gast

August Klingemann, der den »Faust« erst bühnengerecht einrichtete, war mit seiner Inszenierung noch jahrelang tonangebend für Deutschland. Es existieren von dieser Bühneneinrichtung nur noch zwei Rollenbücher. Das eine liegt im Tresor der Herzog-August-Bibliothek in Wolfenbüttel, das andere ist im Besitz des Theaters in Braunschweig

Im Rund des Hagenmarktes hatten die Händler ihre Wagen abgestellt, während die Pferde satt und warm in den Stallungen der vielen Gastwirtschaften um den Markt oder auf der Fallersleber Straße ruhten. Sonderbar, daß die meisten dieser Ausspannwirtschaften eine »Stadt« waren. Da gab es »Stadt Leipzig«, »Stadt Celle«, »Stadt Burg«, »Stadt Magdeburg«, »Stadt Salzwedel«, »Stadt Straßburg«, dann erst kamen der »Goldene Löwe« und »Zur Goldenen Kugel«, so geheißen, weil eine Kanonenkugel irgendwann im Mittelalter die Mauern der Gastwirtschaft getroffen und sich festgerannt hatte.

Nach dem Markt kehrten die Männer erst einmal in dem Gasthof ein. Man schwatzte bei Müllerschem Korn und Einbecker Bier, man rauchte die Pfeife, daß die Luft bald zum Schneiden dick war. »Hanrich, wann'r mot denn dien Öllester tau de 17er?« – »Willem, bis de denn mit dien' nüem Braunen taufreden? Dä is doch dämpfig?!« Zu den gemütlichen Kneipen gehörten herrlich romantische Hinterhöfe, wie übrigens sehr viele Bürgerhäuser solch einen, oft sehr lauschigen Hinterhof hatten.

◁ *Hagenmarkt: Das Foto ist ein Meisterwerk der Fotografie. Es muß 1896 entstanden sein, vermutlich mit einem Voigtländer-Objektiv. Am 28. September 1897 wurde der Marktbetrieb aufgehoben, weil am 1. Oktober 1897 die Eröffnung der Markthalle erfolgte. Das Eckhaus an der Stirnseite des Marktes ist die alte Hagenapotheke, rechts davon der Eingang zur Wendenstraße. Links von der Apotheke befindet sich das renommierte Musikinstitut von Wegmann, daneben links der »Goldene Löwe«*

◁ *Das fürstliche Theater auf dem Hagenmarkt, ehemals Rathaus des Hagen*

Theaterzettel zur Uraufführung des »Faust«. Braunschweig war das erste Theater, das Goethes »Faust« auf die Bühne brachte. Der Faustdarsteller Schütz war der Onkel und Ziehvater von Gerstäcker

Hof - Theater.

Montag, den 19. Januar 1829.

Vierzehnte Vorstellung im vierten Abonnement.

Zum Erstenmal:

Faust,

Tragödie in sechs Abtheilungen von Göthe. Für die Bühne redigirt.

Personen:

Faust	Hr. Schütz.
Wagner, sein Famulus	Hr. Senk.
Mephistopheles	Hr. Marr.
Der Erdgeist	Hr. Dessoir.
Böser Geist	Hr. Gaßmann.
Ein Schüler	Hr. Hübsch.
Frosch, Studenten	Hr. Eggers.
Brander, Studenten	Hr. Günther.
Siebel, Studenten	Hr. Moller.
Altmayer, Studenten	Hr. Scholz.
Hexe	Mad. Lay.
Margarethe, ein Bürgermädchen	Mad. Berger.
Valentin, ihr Bruder, Soldat	Hr. Kettel.
Frau Marthe, ihre Nachbarin	Mad. Klingemann.
Erster Handwerksbursche	Hr. Feuerstacke.
Zweiter Handwerksbursche	Hr. Küster.
Dritter Handwerksbursche	Hr. Fischer.
Erster Schüler	Hr. Berger
Zweiter Schüler	Hr. Fitzenhagen.
Erstes Dienstmädchen	Dem. Solbrig.
Zweites Dienstmädchen	Elise Hambach.
Erstes Bürgermädchen	Mad. Größer.
Zweites Bürgermädchen	Dem. Höpfner
Erster Bürger	Hr. Gerard.
Zweiter Bürger	Hr. Claepius.
Dritter Bürger	Hr. Haars.
Eine alte Wahrsagerin	Mad. Heeser.

Soldaten. Volk. Erscheinungen und Geister.

Anzeige.

Die geehrten Abonnenten werden ersucht, an jedem Abend ihre Abonnementskarten mitzubringen und vorzuzeigen, weil die Wechselung der Logenschließer an den verschiedenen Plätzen dies nothwendig macht.

Bauerntrachten, wie sie die »Kleiderseller« sammelten

Galt der Braunschweiger auch als im allgemeinen wortkarg, so hatte er doch einen trockenen Humor, mit dem er die Wechselfälle des Lebens kommentierte. Da fällt mir eine köstliche Anekdote ein, die von einem Schäfer in der Heide und einem Professor erzählt. Die Heide liegt ja vor den Toren Braunschweigs. Ein Göttinger Philosoph ist in einem Heidedorf zur Erholung. Auf seinen täglichen Spaziergängen beobachtet er einen Schäfer. Der Mann steht vom Morgen bis Mittag in gleicher Stellung, an gleicher Stelle. Der Professor wäre ein schlechter Professor gewesen, wenn er nicht versucht hätte zu ergründen, was dem Mann so durch den Kopf geht. Also fragt er: »Was denken Sie so, lieber Mann, wenn Sie den ganzen Tag an einer Stelle stehen?« – Die erstaunte Antwort ist umwerfend: »Sind Sei so detsch (dumm), dat Sei ümmer wat denken möt?« Das ist niedersächsischer Volkshumor, wie er auch in Braunschweig zu Hause ist! Als die jetzige Mühlenpfordtstraße wochenlang wegen Kanalarbeiten aufgerissen war, das war etwa 1925, fand der Volkshumor flugs einen neuen Namen: »Operettenstraße« (die Straße war ja aufgerissen = op-e-retten), und als in diesen Jahren das Nibelungenviertel als Neuviertel bezogen wurde, zogen vor allem junge Familien dort ein. Die Möbel waren zumeist auf Raten gekauft, so bekam am Ersten eines Monats der eine Mark und der eine Mark, in Braunschweiger Platt der = dä, also bekam dä ne Mark und dä ne Mark, schon hieß das Nibelungenviertel »Dänemark«!

Häuser am Bäckerklint, mit dem Backhaus, in dem Eulenspiegel Eulen und Meerkatzen gebacken haben soll ▷

«Operettenstraße« (Die Straße war op-e-retten = aufgerissen), hier Arbeiten am Bau der Fernheizung auf der Straße »An der Katharinenstraße«. Links ist der »Wilhelmsgarten«, rechts das alte Standesamt zu sehen ▷

Das ist der Boden, aus dem das Original seinen hintergründigen Witz empfängt. Es ist nicht verwunderlich, daß auch Braunschweig Originale hatte. Allen voran, und von weltweitem Ruf, ist wohl Till Eulenspiegel zu nennen, der auch in Braunschweig Streiche verübt hat. Wenn man den heiteren Lebenskünstler auf seinem Podest am Bäckerklint sitzen sieht, wie er unberührt von der Vernichtung um ihn herum,

Ein alter Holzschnitt zeigt die Bäckerszene mit den Eulen und Meerkatzen, geschehen am Bäckerklint 11. Das Haus wurde um 1630 erbaut. Die erste Bebauung dürfte älter sein.

Der Eulenspiegelbrunnen nach der Zerstörung von 1944

lächelnd auf die Zeugen menschlichen Hasses und menschlicher Zerstörungswut schaut, wie er offenbar auch dann die Lebensbejahung postuliert, dann kann man ihn darob nur beneiden. Man sollte versuchen, sich solche Philosophie zu eigen zu machen. Dann wiederum sind alle Braunschweiger Originale Gescheiterte, die unser Mitfühlen verdienen, Männer und Frauen, die versucht haben, das Beste aus ihrem Leben zu machen.
Eine bekannte Gestalt im Straßenleben war die »Harfenagnes«, Harfe hat sie nie gespielt, und ihre Künste auf der Gitarre waren auch recht bescheiden. Wo allerdings sie im Straßenleben sich zeigte, war sie umlagert. Sie war ein uneheliches Kind – ihre Taufbescheinigung wird hier vorgelegt – und Analphabetin. Sie kannte nur ihren Song: »Mensch, sa helle«, von dem der letzte Vers hier wiedergegeben sei, weil er von einer gewissen Lebensweisheit spricht:

»Was nützt mick Gold un Rachtum,
Wenn ich nich fröhlich bin,
Das Geld kann ich verlieren,
Nich äber manen Sinn.
Un wenn ich anmäl sterwe
Un steh in'n Himmelssääl,
Dänn sägt Gott: ›Agnes, sing uns
Den letzten Vers noche mäl‹.«

Nun steht sie schon längst im Himmelssaal.
Nicht anders war es, wenn der »Deutsche Hermann« im Straßenleben auftauchte, ein Mann, der unsere ganze Achtung verdient und nicht das Gespött, das er durch seine Eigenart oft herausforderte. Sein bürgerlicher Name war Julius Skasa, er stammte, wie man so sagt, aus einer gut bürgerlichen Familie. Der Vater war Oberzollinspektor, ein Bruder aktiver Hauptmann, eine Schwester mit einem Professor in Berlin verheiratet. Alle hatten sich von ihm losgesagt, er war für sie gestorben. Skasa hatte den 70er-Krieg als Feldwebel mitgemacht und war mit dem EK 2 ausgezeichnet worden. Nach dem Krieg hatte er das Unglück, daß in der Garnison, in der er aktiver Feldwebel war, ein Rekrut beim Schwimmunterricht ertrank. Als angeblich Schuldiger wurde Skasa entlassen und stand auf der Straße. Er biß sich durch, erlernte das Schirmmacherhandwerk und kam nach Braunschweig. Nie hat er seine Liebe zum Soldatenstand verloren. Soldat sein und sein Kaiser waren seine stille Liebe.

Harfenagnes auf dem Wege zu einer neuen Vorstellung

Agnes singt

Taufbescheinigung der Agnes, Adolphine, Agathe Schosnowski

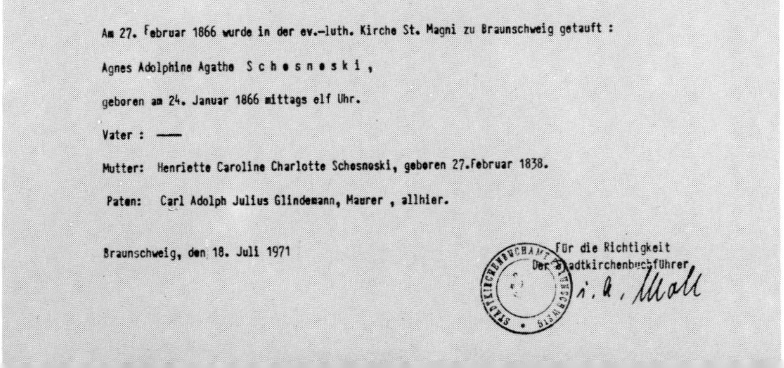

Taufbescheinigung.

Am 27. Februar 1866 wurde in der ev.-luth. Kirche St. Magni zu Braunschweig getauft :

Agnes Adolphine Agathe S c h e s n o s k i ,

geboren am 24. Januar 1866 mittags elf Uhr.

Vater : ——

Mutter: Henriette Caroline Charlotte Schesnoski, geboren 27.Februar 1838.

Paten: Carl Adolph Julius Glindemann, Maurer , allhier.

Braunschweig, den 18. Juli 1971

Für die Richtigkeit
Der Stadtkirchenbuchführer
i. A. Moll

Deutscher Hermann im Originalanzug

»Motten- auch Teeonkel« genannt, ein heruntergekommener Drogist aus gutem Hause

Schon ein wenig merkwürdig geworden durch sein Schicksal, behängte er sich mit vielen Medaillen. Ich habe sein Schlafzimmer auf der Friesenstraße 72 gesehen. Seine Tochter führte ihm den Haushalt. Skasa schlief in einem Himmelbett, dessen Decke er blau und mit Sternen übersät angemalt hatte. Die vier Pfosten trugen die Büsten von Kaiser Wilhelm I., Kaiser Friedrich, Kaiser Wilhelm II. und Friedrich dem Großen. Mit diesem Anblick ging er zu Bett und wachte er auf, der ewige Soldat. Mit 74 Jahren, am 16. Februar 1927, ging er zur großen Armee.

Am 8. August 1882 wurde der »Rechenaugust« in Braunschweig geboren. Seine Erscheinung war im Braunschweiger Straßenleben bekannt und berühmt. Er war ein ehrlicher Geselle, aber debil. Dennoch hatte er ein phänomenales Zahlengedächtnis. Mehrstellige Zahlen addierte, multiplizierte, dividierte er, zog die zweite Wurzel, alles blitzschnell – allerdings nicht immer ohne Fehler. Er schlug sich mit dieser Kunst durchs Leben, ein armer, lungenkranker Tropf. Professor Dr. med. Müller betreute ihn aus Menschlichkeit. »Mich kann kein Arzt nich helfen«, er wußte von seinem frühen Sterben. In der Nacht zum 13. Juni 1928 wurde er erlöst. Sein Gehirn wurde im Keller des Landeskrankenhauses aufbewahrt, um später davon Mikrotomschnitte zu fertigen. Dazu kam es nicht, denn der Keller des Krankenhauses wurde von Bomben zerstört.

Eines Dreikäsehochs aus Braunschweig, Otto, Sohn des Schlachtermeisters Albin Pöhler, Südklint 2, muß noch gedacht werden. Das Kind hat mit etwa zwei Jahren lesen können, und zwar hat es sich das Lesen selbst, ohne jede Anleitung beigebracht. Man möchte solches bezweifeln, doch Sanitätsrat Dr. Berkhan wie die Ärzte Dr. Franke und Dr. Schucht prüften das Phänomen am 1. Juni 1894 und berichteten:

»Das Erste, was das Kind in der Wohnung des Dr. Berkhan that, war, daß es unbefangen sich einige Bücher aneignete. Es zeigte sich sehr beweglich, las unaufgefordert von einem alten Wandkalender – April zwei sieben –. Dann erhaschte es das auf dem Schreibtisch liegende Buch und las – Das Stottern und seine gründliche . . . – brach dann ab, eilte auf eine Zeitung los und begann aus derselben vorzulesen . . .«

Fünf Monate später prüfte Dr. Berkhan das Kind erneut, es hatte deutliche Fortschritte gemacht und las fließend von einem Kalender, den es nie zuvor gesehen hatte: »Reichs-Medizinalkalender. Begründet von Dr. Paul Börner.«

Daß solches Kind der Öffentlichkeit vorgestellt wurde und die Eltern dafür Honorar einsteckten, ist in jener Zeit fast verständlich. Otto Pöhler trat als Hosenmatz in Berlin im Passage-Panoptikum auf. Die »Vossische Zeitung« berichtet darüber:

»Seine Bewegungen, seine Sprechweise, seine kleinen Unarten entsprechen in jeder Beziehung seiner Altersstufe. Er las ohne jede Schwierigkeit jedes Wort, das ihm vorgelegt wurde. Auf der Tafel stand: ›Mein lieber Junge‹, er las das Geschriebene, und als es fortgewischt war, las er von der Tafel ›Berliner Weißbier‹ und ›Braunschweiger Leberwurst‹. Schließlich aber erklärte er bestimmt: ›Otto hat genug, Otto will nicht mehr.‹«

Eine Merkwürdigkeit von Braunschweig mehr, aber sie stimmt, denn auch Virchow untersuchte und bestätigte den Fall. Otto Pöhlers Spur hat sich verwischt, seine Eltern zogen von Braunschweig fort.

Rechenaugust. Dieses Bild wurde zum Verkauf während und nach der Vorstellung in einem Varieté angeboten

Dr. med. Oswald Berkhan, Mentor des Otto Pöhler. Durch seine Initiative bildete sich ein Freundeskreis, der die Mittel aufbrachte, für das Kind einen Erzieher zu stellen und damit die Ausbildung des Kindes in normale Bahnen lenkte und verhinderte, daß Otto Pöhler weiterhin auftrat. Dr. Berkhan ist es auch zu danken, daß die Regierung in Braunschweig als erste in Deutschland 1894 ein Gesetz zur Ausbildung »nicht vollsinniger, schwachsinniger oder blöder Kinder« erließ. B. war Mitbegründer der »Neuerkerörder Anstalten«

Der kleine Otto Pöhler. Ein Wunderkind, das mit zwei Jahren lesen konnte

Otto Pößler.
Nach einer Photographie von Georg Meyer in Braunschweig.

Daß die Bürger dieser quicklebendigen Stadt nicht nur fleißig arbeiteten, sondern auch zu feiern verstanden, braucht wohl kaum gesagt zu werden, aber auf das »Wie« kommt es an. Man möchte fast sagen, jeder Braunschweiger war Mitglied eines Vereins, die Honoratioren schlossen sich keineswegs aus. Im »Krummen Stiefel« verbrachten auch Professoren manchen netten Abend. Das 40jährige Stiftungsfest wurde in launischer Weise, nicht ohne Witz und Geist, gefeiert. So wurde am 18. November 1893 ein Melodram, »Der Taucher«, aufgeführt. Die Inhaltsangabe:

Der Taucher

nach einer älteren bekannten Idee des Herrn Hofraths Friedrich von Schiller, in Gedichtform und verschiedenen Versen auf mehreren Seiten bearbeitet.

Dargestellt von soeben aus Chicago zurückgekehrten Künstlern allerersten Ranges, unter Mitwirkung des weltberühmten Gesangvereins »Verstauchter Kehlkopf« und dessen anerkannt hervorragender Kapelle, unter persönlicher Leitung ihres Dirigenten, Kapellmeister Chischanini.

Personen:

König Hanrei . . . ein alter Meergreis

Kunigunde . . . seine Tochter, späte Jungfrau (Untersuchung höflich verbeten)

August Knappe . . . klein, trocken, aber oho!

Ort der Handlung:

Blumenhain am Meer, in der Nähe großes Wasser und ein Abgrund.

Der »Krumme Stiefel« war beileibe nicht der einzige Verein, Vereine gab es in Braunschweig, man könnte sagen, wie Sand am Meer. Und alle hatten ihre Stiftungsfeste, ihre Theateraufführungen und ihre Bälle. Die Braunschweiger wußten schon zu leben! Im Sommer wie im Winter war immer »etwas los«:

9. Juli 1908 »Wilhelmsgarten« Großes Abendkonzert vom Trompeterkorps des 17. Husarenregiments. Anfang 8 Uhr, Eintritt 50 Pfennige.

»Nußberg«, Donnerstag, 9. Juli 1904 zwei große Extrakonzerte, ausgeführt von der Löweschen Kapelle. Programm: »Walzertraum« (Nouveauté), »Der Mann mit den 3 Frauen«, »Die Dollarprinzessin«

Eintritt 10 Pfennige!

Das Restaurant »Nußberg« war eine ausgesprochene Familiengaststätte. Hier galt noch der alte Spruch:

»Der alte Brauch wird nicht gebrochen,
hier können Familien Kaffee kochen!«

Man gab für die Küchenbenutzung eine kleine Gebühr, Geschirr eingeschlossen. Mama und Oma gingen Kaffee kochen, während Opa und Papa, gemütlich zurückgelehnt, sich die Sonntagszigarre, das Stück zu 5 Pfennig, in Ruhe anzündeten aber bald über die Politik in Rage gerieten. Opa war für die Konservativen, Papa war auf Seiten der Freisinnigen. Karlchen und Minna, sie konnten nicht still sitzen, spielten Kriegen. Sie rannten um die Gartentische, natürlich soweit sie noch unbesetzt waren, von den Stühlen fiel mancher im Eifer des Spiels. Hühner pickten Kuchenkrümel und bettelten. Die fast erwachsene Käthe benutzte die Stille, Papa achtete nicht auf, wie er eigentlich sollte, er war mit seiner Zigarre beschäftigt, sie hatte keinen rechten Zug. Käthe also verschwand mit ihrem Verehrer, er war Kommis bei Langerfeld, ins Grüne. Bald kam der Kaffee in der großen, bauchigen Kanne, glühend heiß und schwarz, weil Oma noch einen Schuß »Bleibtreu«-Kaffeezusatz hinein getan hatte. Aber er schmeckte köstlich. Als der Zuckerkuchen ausgepackt war, zankten sich Karlchen und Minna um das größere Stück, bis Papa mit einem Donnerwort dazwischenfuhr.

»Dannes Hotel« am Augusttor, heute Kennedy-Platz. Es wurde abgerissen, um Straßendurchbrüche zu ermöglichen

Der »Hofjäger« war die Gaststätte, in der Großveranstaltungen jeder Art stattfanden

Das Nußbergrestaurant

Der »Wilhelmsgarten«, ein Haus, in dem neben einer ausgezeichneten Gastronomie Theatervorstellungen, Ausstellungen, Konzerte, Varietéveranstaltungen geboten wurden

Beispiel einer Ausstellung im »Wilhelmsgarten«. Die würdigen Herren von links nach rechts: Direktor Körber, Bernhard Smid, Ernst Ihn, ganz im Hintergrund, zwischen Smid und Ihn ist der langjährige Oberkellner des Lokals, August Meier, zu erkennen

Über all dem Sommerfrieden lagen die Walzerklänge der »Dollarprinzessin«. Und wenn die süßen Klänge, die der erste Geiger seiner »Stradivari« entlockte, wenn eine hingehauchte Cantilene durch den Garten schwebte, summten sogar Papa und Mama leise mit. Dann wurde es Zeit, aufzubrechen. Heimwärts ging es in die Kröppelstraße 8, man fuhr sogar ein Stück mit der Pferdebahn!
Ein Blick in die Tageszeitungen zeigte, was sonst noch geboten wurde. Im Ölper Turm konzertierte der Mandolinenverein »Eintracht 1905«. Nach dem Konzert war Ball!

Ein Stück Romantik Braunschweigs war die Wirtschaft »Heinrichs Hafen«. Das Motorschiffchen im Vordergrund, tuckerte vom Bahnhof die Oker entlang nach Heinrichs Hafen. Man stieg aus, trank gemütlich seinen Kaffee oder sein »Feldschlößchen-Bier«, dann brachte das stolze Schiff »Brunswick« die Gäste wieder zur Innenstadt

»Victoria Luise«, das Konzertcafé von Rang

Zur Erinnerung an die ruhmreichen Kriegsjahre fand im »Kurhaus Richmond«, Wolfenbütteler Straße 30 ein großes Schlachtenpotpourri mit anschließendem Feuerwerk statt. Eintritt 25 Pfennige, im Abonnement 10 Pfennige.
Der Kriegerverein »Wilhelm« feierte im »Hofjäger« sein großes Sommervergnügen. Gäste willkommen.
Einen Ruch der Verderbtheit, und nur für Junggesellen oder etwaige Strohwitwer waren Veranstaltungen in der »Burglinde« oder »Walhalla«!

Fehlt Schützenlust auf keinen Fall.

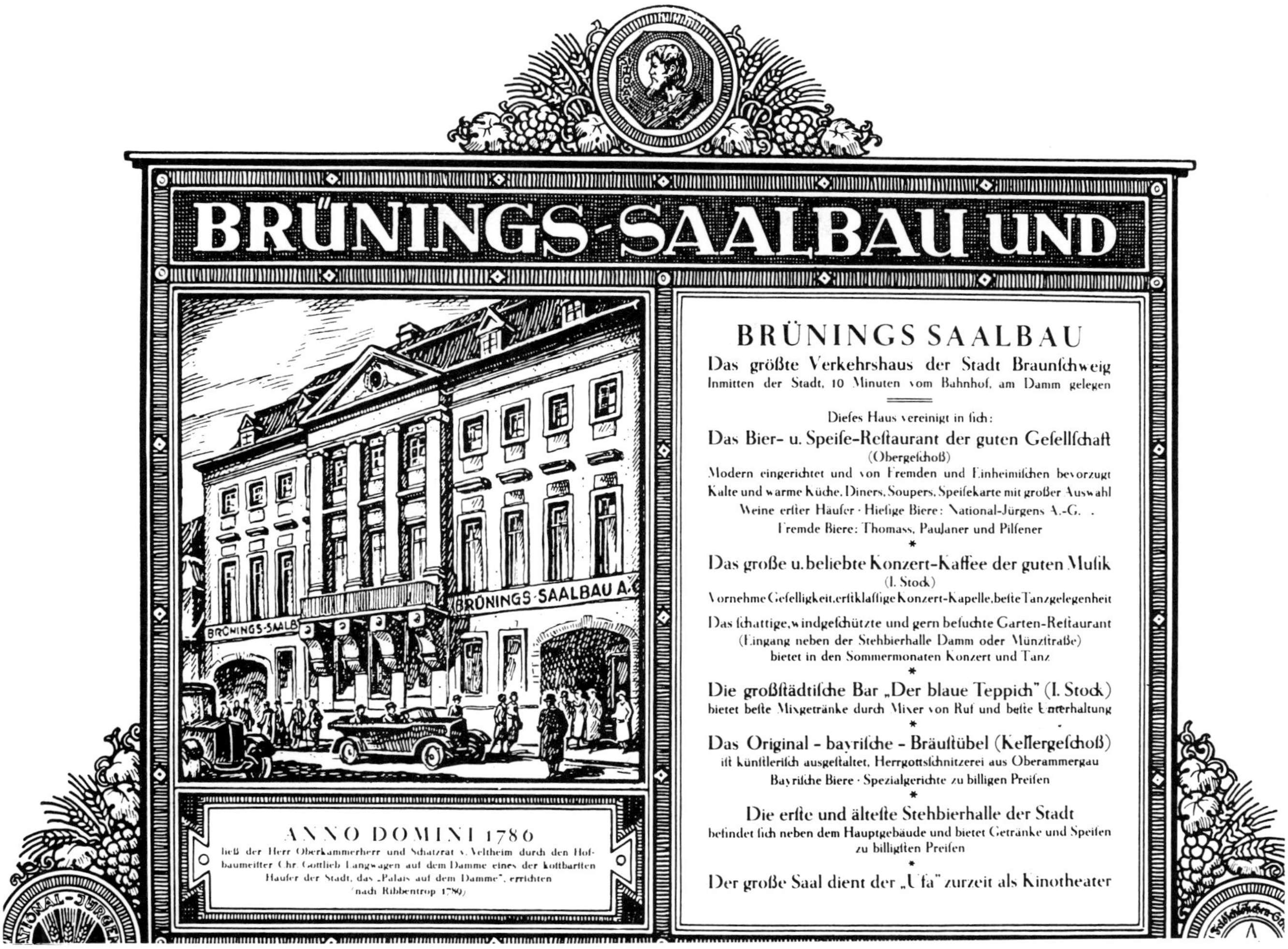

Schützenstände des am 18. Juni 1911 eingeweihten Neubau des Schützenhauses. Das alte, an der Masch gelegene war abgebrannt

Die Schießstandhalle im Garten des Schützenhauses, heute entsteht ein Neubau

»Brünings Saalbau«, der »Wilhelmsgarten« gehörte auch zur Bewirtschaftung, war ein sehr gutes Speiserestaurant. Im großen Saal befand sich das Kino der »Ufa«

Radfahrkarte. Noch 1920 waren in Braunschweig für Radfahrer sowohl »Wagenpapiere« als auch ein »Führerschein« notwendig

Am 24. Juli 1908 traten in der »Burglinde« Damen als Orchester »Edelweiß« auf, und die »Walhalla« zeigte Ringkämpfe auf freier Bühne, ein Damen-Trompeterkorps blies dazu. Es war eben in Braunschweig immer etwas los.

Man würde den Braunschweigern jedoch bitter Unrecht tun, wolle man annehmen, daß sie, wenn sie nicht zufällig an der Werkbank standen, unterwegs zu irgend einem Lokal waren. Für sie galt »Tages Arbeit« und »saure Wochen«, dann erst kamen die »frohen Feste«. So hielten sie es auch mit dem Sport. Sport als Geschäft und Beruf gab es nicht. Im Gegenteil ging es um des Sports willen.

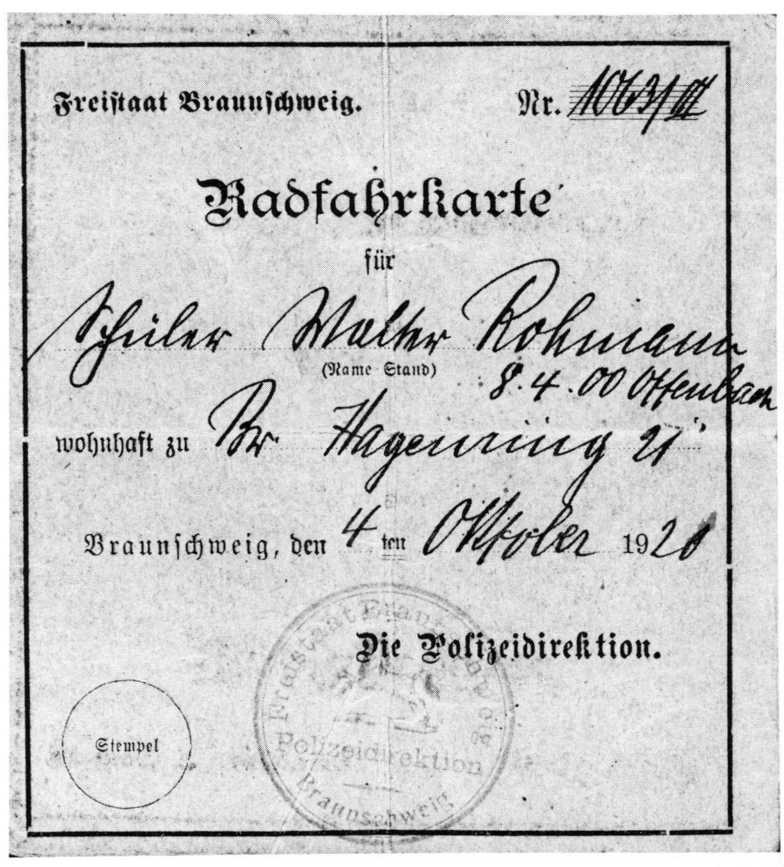
Freistaat Braunschweig. Nr. 10634

Radfahrkarte

für

Schüler Walter Rohmann
(Name Stand) 8.4.00 Offenbach

wohnhaft zu Br. Hagenring 27

Braunschweig, den 4ten Oktober 1920

Die Polizeidirektion.

Stempel

Freistaat Braunschweig Polizeidirektion Braunschweig

Die »Eintracht« lädt ein

Als die »Eintracht« sich unter Johannes Runge formierte, hatte sie weder einen Platz noch gar ein Stadion. Vielmehr hielt man manchenorts Fußball für eine Unart, der man beizeiten den Garaus machen müsse. Vom Leonhardsplatz aus konnte man noch bis in die Dunkelheit den Kampfeslärm der jugendlichen Fußballamateure hören. Erbost wurde manches Fenster der anliegenden Häuser geschlossen, weil die bürgerliche Abendruhe gestört wurde. Seitdem sind gut 80 Jahre vergangen. Die Zeit, da Schülern der Eintritt in einen Sportverein, gar Fußballverein verwehrt wurde, war dem Wachstum des Vereins nicht gerade dienlich. Doch die Zeiten ändern sich, es ging aufwärts. 1905 konnte der Fußballplatz an der Helmstedter Straße eingeweiht werden. Für das etwa 10 000 m^2 große Gelände mußte eine Pacht von jährlich 400 Mark bezahlt werden. Turninspektor Hermann hielt am 8. Oktober 1905 die Eröffnungsrede. Als gar der Regent, Herzog Johann Albrecht, in höchst eigener Person gelegentlich den Fußballspielen auf dem Platz an der Helmstedter Straße beiwohnte, war »die Schallmauer« durchbrochen.
Vom Spiel gegen den Sportklub 1895/96 Berlin berichteten die Zeitungen:

»›Eintracht‹ siegte mit 4 : 2. Der Kampf fand auf dem alten, eigenen Platz an der Helmstedter Straße statt. Wetter und Boden gut. Prominenter Gast: Stadtrat von Frankenberg. Braunschweiger Besetzung: Im Tor: Beber – Verteidiger: Stamm, Gericke – Läufer: Schramm, Bülte, Hagemann – Stürmer: Freise, Queck, Kämpfer, F. Dette, W. Dette – Schiedsrichter: Einbeck (... in durchaus ruhiger und einwandfreier Weise)! Abschließendes Urteil: Gesamtspiel gut, Spieler flink und ausdauernd im Kampfe. Sie müssen sich einiger Schwächen unbedingt entwöhnen. Da wären vor allem die Zurufe der Spielteilnehmer. Das Spiel begann mit dem Anstoß der Braunschweiger. Der Eintrachttorwächter konnte auf dem Bauche liegend ein Tor retten. Mit 1 : 1 ging es in die Halbzeit. Ausgezeichnet und scharf schoß der halblinke Queck ein ...«

Braunschweig ist eine sportfreudige Stadt. Die private Lehranstalt des Dr. phil. Günther, Petritor 8, veranstaltete am 8. Oktober 1866(!) man höre und staune 1866, ein privates Sportfest, offenbar der Vorläufer der Bundesjugendspiele. Nach Beendigung des Schau- und Preisturnens zogen die Turner unter Trommelklang zum Petritor hinaus nach Ölper. Das Preisturnen umfaßte »Freiweit-, Freihochspringen und Laufen«. Die Leistungen waren für damalige Zeit recht beachtlich: Der Schüler Spiegelberg aus Coppenbrügge, 16 Jahre alt, sprang 16 Fuß, 2 Zoll, das ist umgerechnet etwa 4,86 m. Zinkeisen aus Braunschweig erreichte 5 Fuß, 3 Zoll (1,60 m) im Hochspringen, der Schüler Siemens, aus Stiege im Harz, lief 150 m in 25 Sekunden. –

Der norddeutsche Meister 1908, Eintracht Braunschweig

Der Regent, Herzog Johann Albrecht, besucht ein Spiel der »Eintracht«

Der alte Platz, das erste Stadion der »Eintracht« an der Helmstedter Straße

Trommelriege (1893) der Städtischen Oberrealschule Hintern Brüdern 30 – 32. Sie wurde am 25. August 1941, anläßlich der Anbringung einer Gedächtnistafel am Hause »An der Katharinenkirche 5« umbenannt in »Hoffmann von Fallersleben (H. v. F.)

Im Winter war die Rodelbahn im Nußberg, die Braunschweiger Jugend sprach gern vom »Monte Nuxino«, die wohl einzige Gelegenheit zum Rodeln. Die Benutzung war kostenlos und das Vergnügen groß. Verstauchungen oder gar Arm- und Beinbrüche sind meines Wissens nie vorgekommen, der sanft geschwungene Abhang war narrensicher. Man war eben in jener Zeit bescheiden.

Die Rodelbahn am Nußberg

Die Eisbahn im Bürgerpark

Für die Eislauffreunde ließ der Badeanstaltpächter Gellershoff die Okerwiesen im Bürgerpark überfluten, um eine herrliche Eislauffläche zu schaffen. Sie wurde von groß und klein benutzt, der Eintritt kostete nur wenige Pfennige. Manchmal gab es Konzert, dann war es zwar etwas teurer, aber es ließ sich wunderschön im Takt der Blasmusik dahingleiten. Und dann, was für ein Vergnügen war es, der Angebeteten die Schlittschuhe an den Knopfstiefelchen festzumachen!

Im Sommer waren die Geschlechter – versteht sich – getrennt. Die Jungen gingen in die Männerbadeanstalt Gellershof oder in die Bahnhofsbadeanstalt, während die weiblichen Badegäste in der sorgsam abgeschirmten »Frauenbadeanstalt« schwammen und planschten. Das alles spielte sich in der Oker ab, das Wasser war noch gesund, Umweltverschmutzung war noch nicht einmal als Wort erfunden.

Ebensoviel Freude machte das Rudern auf der Oker. Längs des Flusses waren mehrere Bootsverleihstationen. Sie unterschieden sich nur nach ihrer Lage, Qualitätsunterschiede gab es kaum. Da konnte man entweder einen »Äppelkahn«, das waren die schweren Boote, mit denen man nur mühsam vorwärts kam, oder einen »Roller«, das waren schmale Boote mit Rollsitz, mieten. Es erübrigte sich fast zu sagen, daß die Äppelkähne mehr zum Spazierenfahren von Müttern oder Tanten waren. Eine schneidige Figur konnte man damit unmöglich machen. Wenn es aber darauf ankam, als ganzer Mann zu gelten, ein Ritter ohne Furcht und Tadel, dann wurde ein Roller genommen.

Angebändelt wurde auf dem traditionellen Steinweg – Bohlwegbummel. Die Schüler und die Schülerinnen flanierten nachmittags zu dritt und allein den Steinweg auf und ab. Man sah sich, man warf, wenn man mutig war, ein Scherzwort zu den jungen Damen, oder man schmachtete sein Mädchen nur aus der Ferne an, ja, man wurde vielleicht sogar rot dabei. Die ganze Sache war etwas wie eine gesellschaftliche Verpflichtung. Wer zufällig stark bei Kasse war, der ging wohl auch in die Konditorei Kurdelbaum auf dem Steinweg, um Kuchen oder Kaffee zu verzehren oder gar zu spendieren. Damit konnte man damals Eindruck schinden. Besonders schneidig wirkte es, wenn man im ersten Kriegsjahr auf Urlaub war. War man gar schon Chargierter, und man mußte gegrüßt werden, dann flogen dem Glücklichen die Mädchenherzen zu. Dennoch flaute der Steinwegbummel ab, die Schuld trug der Krieg, der, je länger er dauerte, desto tiefer in das Familienleben eingriff.

Die Badeanstalt für Männer im Bürgerpark

Badefreuden im Jahre 1908. »Primitiv« würden wir heute sagen, damals aber badeten hier in der Privatbadeanstalt von Haase am Friedrich-Wilhelm-Platz die Damen (hier im Bilde) der ersten Gesellschaft, betreut von der guten Frau Mette (im Hintergrund vor dem geöffenten Fenster). Sie war ein Original, duzte zumeist ihre Gäste und sprach ein köstliches Gemisch von Braunschweiger Slang und Plattdeutsch. Auch Wannenbäder wurden genommen, hatten doch selbst die vornehmsten Villen am Wall keine Badeeinrichtung ▷

»Sport im Jahre 1912. Die Mädchenklasse einer mittleren Bürgerschule ist auf dem Kleinen Exerzierplatz zum Sport angetreten. Die »Sportlehrerin« behielt während des »Sports« ihren Wagenradhut auf und ihre lange Kleidung an. Ebenso »turnten« die Mädchen teils mit Schürze und ihrer Straßenkleidung, Stiefel behielten sie ebenfalls an. Nur wenige trugen »Pumphosen«, die vorgeschriebene Sportkleidung ▷

Bootsverleih an der Ottmerbrücke

1

Eines der ältesten, wenn nicht gar das älteste Auto der Stadt, ein Opel von 1901. Besitzer war der Kreisdirektor Floto. Fahrgäste sind die Mitglieder der Familie

Der Steinweg in Höhe des »Café Lück«. Unsere Aufnahme zeigt eine Montagekolonne des Elektrizitätswerks mit Zweiradkarren, auf dem Wege zur Verlegung des fünftausendsten Hausanschlusses ▷

Blick vom Andreaskirchturm im Jahre 1930. Im Vordergrund links das Dach der Markthalle, davor das ehemals Huch'sche Haus, in dem Friedrich Huch geboren worden war. Über den Hagenmarkt geht der Blick nach Südosten. Im flirrenden Dunst der Ferne ist der Elm zu erkennen ▷

Blick in die Wendenstraße, wie sie einmal war. Heute steht davon kein Haus mehr

3

Der Krieg erfaßte alles. War das zu Beginn schiere Begeisterung, so drückten doch Sorgen bald jeden. In Braunschweig war das nicht anders als in anderen Städten. »Der Pfefferküchler«, eine gemütliche Wochenplauderei, die in Abständen von 14 Tagen erschien, glossierte und vermerkte Ereignisse der Stadt. Hinter ihr stand der Redakteur und Antiquar Scholz. Der Pefferküchler trug dem Kriege auch Rechnung, als er für einige Zeit sein Großvaterkäppi im Zeitungsbild mit einem Stahlhelm vertauschte. Als das erste Kriegsbrot gebacken wurde, war das noch Anlaß für den Pressezeichner das Anstehen nach Brot festzuhalten. Bald führte der allgemeine Mangel an den Dingen des täglichen Lebens dazu, achtsamer mit Resten umzugehen, es wurde am Eiermarkt die »AVG« = Abfallverwertungsgesellschaft gegründet. Sie war kein kaufmännisches Unternehmen, vielmehr wurde dort nur ehrenamtlich zum Wohle des Ganzen gesammelt. Abfälle jeder Art, Kartoffel- und Obstschalen, Obstkerne, Flaschen, Papier – alles wurde angenommen und verwertet.

Frauen im Kriegseinsatz 1914/18: bei der Post, der Bahn und der Straßenbahn (Seiten 54/55)

Kinder recht junger Jahrgänge beim Papierabwiegen in der AVG. Die Schuhe des kleinen Mädchens rechts im Bild sind ein Beweis von der Knappheit beim Schuhwerk und nicht nur dort . . .

Im Hof der AVG (Abfall-Verwertungs-Gesellschaft) am Eiermarkt

Das erste K-Brot.

Die Bäckerei von Eckhardt ist hier noch in ihrem alten Hause. Es ist die älteste Bäckerei Deutschlands. Seit 1409 wird dort Brot gebacken, nachzulesen im Lexikon für Superlative (Book of records)

Wer besonders fleißig gesammelt hatte, der bekam einen Gutschein mit dem er, wenn er genügend zusammen hatte, ein Kaninchen als Lohn erhielt. Bald verschwanden die Männer im Straßenbild, an ihre Stelle traten Frauen im Kriegseinsatz. Unsere Bilder sprechen eine deutliche Sprache. Auf dem Schloßplatz wurde eine Holzfigur Heinrichs des Löwen aufgestellt. Sie wurde von oben bis unten benagelt. Ein kleiner Nagel kostete 50 Pfennige, größere oder gar solche aus Silber, sie wurden von großen Verbänden gestiftet und oft mit dem Namen des Spenders gekennzeichnet, kosteten entsprechend mehr. Heute steht der »genagelte Heinrich« im Landesmuseum. Die Not wurde größer und so geschahen Dinge, die man sich kaum ausdenken konnte. Herzog Ernst August besaß einen schönen Airdale Terrier, auf manchen Bildern ist er noch zu sehen. Das Tier verschwand im Laufe der Kriegsjahre spurlos, er ist trotz ausgesetzter Belohnung nie wieder aufgetaucht. Man muß annehmen, daß das Tier Hundefängern ins Netz gegangen ist und geschlachtet wurde. Hier noch eine Episode, die sich etwa 1917 abgespielt hat (sie ist sogar wahr!). Bei der AVG wird eines Tages telefonisch angefragt, ob sie alle Abfälle annähme? – »Ja, was haben Sie denn?« – »Ich muß es genau wissen, auch völlig Unbrauchbares?« – »Ja, ich sagte es ja schon!« – »Dann holen Sie man den Stadtmagistrat ab«, sprach es und legte auf.

Doch drehen wir den Zeiger noch einmal zurück und vergessen den Krieg.

Das so geruhsame Braunschweig wurde in den neunziger Jahren vom Ehrgeiz gepackt, eine Straßenbahn zu besitzen. Auch der Stadtmagistrat war dafür, aber möglichst billig oder gar kostenlos sollte die Neuerung sein. So schloß man mit einer englischen Gesellschaft, der »City of Brunswick Tramway Co/Limited« einen Bau- und Betriebsvertrag ab. Außer der Linie Friedrich-Wilhelm-Platz zum Fallersleber Thor, waren noch weitere Linien vorgesehen. Doch so hochvornehm der Name der Gesellschaft auch den Braunschweigern in den Ohren klang, das war alles »Wind vör de Hoffdür«, wie der Bauer sagt. Die Gesellschaft hatte keinerlei Erfahrung, sie wollte in Braunschweig erst ihr System erproben, um es dann in England einzuführen, sonst wäre sie nicht auf den Gedanken gekommen, die Wagen auf Lochschienen laufen zu lassen. Notwendigerweise mußten Straßenschmutz, Laub, Schnee und Eis die Schienenlöcher zusetzen. Und was die Elemente nicht unbrauchbar machten, das schafften die »Löken«, die »Klinter-Klater«, welchen Ehrennamen die Jungen vom Klint sich erworben hatten. Es waren richtige Jungen, im Grunde alles nette Kerle, aber wo etwa Schabernack möglich war, waren die Klinter-Klater vorn. Sie verstopften die Löcher mit Steinen, Ästen und was sich so findet. Dann legten sie sich wie Max und Moritz auf die Lauer. Prompt entgleiste die nächste Pferdebahn, hoppelte wie auf Stelzen über das Pflaster. Nun mußten die Fahrgäste aussteigen und helfen den Wagen wieder auf die Schienen zu bringen. Für die Löken ein herrlicher Spaß, für die Fahrgäste ein nie abreißender Ärger. Dies im Alltag so häufige Ereignis goß bald ein Volksdichter in zündende Reime. Damit wurde ein drittes (neben dem Mummelied und dem Lied von der treuen Rieke) Braunschweiglied geschaffen, das dem Leser unmöglich vorenthalten werden darf:

Das Lied der Pferdebahn
In Braunschweig ist's jetzt schön.
Man braucht nicht mehr zu geh'n!
»Die Pferdebahn ist da!«
Ruft alles mit Hurra.
Die Pferdebahn ist fein,
Doch kommt 'ne Biegung klein,
Ein jeder hat's geseh'n,
Gleich bleibt der Wagen steh'n!
Was gibt's? – Was gibt's?
Hat ausgesetzt! Angefaßt! Rrrrrr!!!

(Refrain)
Die Pferdebahn, die Pferdebahn,
Sie macht uns viel Pläsier,
Und woll'n wir schnell am Ziele sein,
Dann geh'n zu Fuße wir.

Pferdebahn am Hause Hamburger Straße 59, heute Mühlenpfordtstraße

Pferdebahn an der alten Bahnlinie Richmond

»Die gefährliche Kurve« an der Hauptpost Friedrich-Wilhelm-Straße, hier setzte die Lochschienenbahn meistens aus

Lochschienen der Pferdebahn, ein recht anfälliger Schienenweg

In Schöppenstedt 'nen Mann
Denkt: Du wend'st auch was dran,
Die Pferdebahn zu seh'n,
Will ich nach Braunschweig geh'n!
Erhitzt trifft er hier ein.
Steigt schnell in'n Wagen ein.
Er nimmt kaum Platz, o Pein!
Da hält der Wagen ein.
Was gibt's? Was gibt's?
Refrain

Herr Reiseonkel Schmidt,
Der fuhr auch neulich mit.
Er wollt' zum Bahnhof hin
Und dacht in seinem Sinn:
»Nun sparst du Zeit und Geld!«
Plötzlich der Wagen hält! –
Was ist gescheh'n,
Daß ich zu Fuß muß geh'n?
Was gibt's? Was gibt's?
Refrain

Die Frau Doktorin Stein,
Sie stieg am Kohlmarkt ein;
Sie wollte sprechen vor
Am Fallersleber Thor.

Am Hagenmarkt, o Graus!
Da mußt' sie wieder raus!
Sie tobt: »Ich komm' zu spät,
Wenn's nicht gleich weitergeht!«
Was gibt's? Was gibt's?
Refrain

Auf der Fallersleber Straß'
Da gab's – nen netten Spaß:
Ich saß im Wagen drin
Mit recht vergnügtem Sinn.
Plötzlich gab's Geschrei –
Die Scheiben sprang'n entzwei,
Und alles, klein und groß
Rief »Was ist hier los?«
Was gibt's? Was gibt's?
Refrain

Die »Wolfenbüttler« unterwegs an der Wolfenbüttler Straße, 1898

Die letzte Pferdebahn verabschiedet sich am 29. April 1904

Antoinettenruh in Wolfenbüttel, das Endziel der Elektrischen Braunschweig–Wolfenbüttel, ein beliebter Ausflugsort

Zwei Jahre sah sich Oberbürgermeister Pockels das Spektakulum an, dann schritt er zur Tat. Die englische Gesellschaft wurde verklagt, der Vertrag gekündigt. Der Prozeß zog sich bis 1881 hin, da hatte die Stadt gewonnen. Nun wurden die Lochschienen herausgerissen und solide Straßenbahnschienen eingebaut, und siehe, jetzt lief der Laden »wie geschmiert«, bis die Pferdebahn 1898 von der »Elektrischen« abgelöst wurde. Die Fahrt mit der neuen Pferdebahn kostete einen Groschen, dafür wurde aber auch unerhörter Luxus geboten. Zunächst wurde längs der Strecke die »Haltestelle der Pferdebahn« gekennzeichnet, zudem wurde auf dem Kohlmarkt eine Wartehalle mit Toiletten errichtet. Auch wurde der Fahrplan erweitert. Nunmehr fuhren die Wägelchen vom Morgen bis zum Abend in einem Abstand von 10 Minuten. Ganz ungefährlich war allerdings die Benutzung der Tram nun auch wieder nicht. So vermeldet der Lokalberichter einer Zeitung von einem erschröcklichen Unfall eines Fahrgastes. Ein junger Mann hatte, erhitzt vom Laufen, auf der Plattform Platz genommen, als er zusammenbrach: Er hatte einen Ohnmachtsanfall erlitten. Ergo, es ist bei der so schnellen Pferdebahn Vorsicht am Platze! Man sollte meinen, daß solche Gefahren die Fahrgäste gewarnt hätten, die Geschwindigkeit des Bähnchens noch zu steigern. Mitnichten! Die Stimmen, die eine schnellere Gangart forderten, wollten nicht verstummen. Aber wie war das Problem zu lösen? Die braven Pferdchen, es waren eben keine Vollblüter, gaben kein einziges PS mehr her, da half auch kein gutes Zureden mit der Peitsche.
Eine Zeitlang war die Straßenlokomotive im Gespräch. Der Onkel von Ricarda Huch ließ sie konstruieren und verlor dabei sein ganzes Vermögen. Die Lok landete im Straßengraben an der Wolfenbüttler Chaussee, sie blieb liegen und rostete still vor sich hin.

Triebwagen 34 und 35 am 28. Oktober 1897 unterwegs im »Lechelnholz«

Nun kam man auf den Elektromotor des Werner von Siemens als Antriebskraft. Doch jetzt wollten die Stadtväter nicht so recht ran. Erst die Eingabe des Bürgervereins brachte die Sache in Fluß:

». . . es ist zu befürchten, daß die Frage der Einführung des elektrischen Straßenbahnbetriebes in Folge des Verhaltens der Stadtverordneten in unabsehbare Ferne gerückt werde. Es möge die Einführung des elektrischen Betriebes gestattet werden, da doch die Einrichtung der gesamten Bürgerschaft zu Gute komme . . .«

Das »Häuschen« auf dem Kohlmarkt

Ein Sonderwagen der Elektrischen im Zweiten Weltkrieg. Dieser Hochzeitszug fuhr das Brautpaar Leutnant (Justizinspektor) Gustav Franz Erich Bülchmann und seine Braut Hedwig Alwine Langemann von der Paulikirche über den Hagenmarkt, Fallersleber Straße aufwärts bis zum „Lustigen Füselier", dort fand die Hochzeitsfeier statt. Wohnung des Ehepaares: Wilhelm-Bode-Straße 51. Die weiteren Schicksale der jungen Familie lassen vermuten, daß Ltn. Bülchmann bald nach der Hochzeit gefallen ist

Braunschweiger Strassenbahn.
00854
N
5 Pfennig.

00853
N
5 Pfennig.

Braunschweiger Strassenbahn.
00950
Während der Fahrt aufzubewahren u. den Controleuren auf Verlangen vorzuzeigen.
5 Pfennig

Strassen-Eisenbahn-Gesellschaft in Braunschweig.
Nur giltig für die Stadtlinien.
46363 E1
10 Pfg.
Giltig unter den im Wagen ausgehängten Fahrtbestimmungen.
Beförderungs-Abkommen siehe Rückseite.
Hoftheater
Altstadtmarkt
Steinthorbrücke
Augustthorbrücke
Langedammstr.
Finanzgebäude
Schleinitzstrasse
Friedr. Wilh.-Platz
Hagenmarkt
Nur bei Uebergang wird Minutenzahl gelocht.

Strassen-Eisenbahn-Gesellschaft in Braunschweig.
Nur giltig für die Stadtlinien.
10 Pfg. 69869 P
Giltig unter den im Wagen ausgehängten Fahrtbestimmungen.
Beförderungs-Abkommen siehe Rückseite.
Hoftheater
Altstadtmarkt
Steinthorbrücke
Augustthorbrücke
Langedammstr.
Finanzgebäude
Schleinitzstrasse
Friedr. Wilh.-Platz
Hagenmarkt
Nur bei Uebergang wird Minutenzahl gelocht.
I. R.-S. | II. | III. G.-W. | IV. M.-F. | V. A.-O. | VI. R.-St. | VII. F.-W. P.-K.

Fahrscheine

Die »Graue Katze«, Versuchswagen 1902

Der erste Lkw, noch mit Holzrädern 1903

Dr.-Ing. hc. Heinrich Büssing, geb. 29. Juni 1843 in Nordsteimke (Braunschweig), gest. 27. Oktober 1929 – Gründer des Werkes

Bevor jedoch in Braunschweigs Straßen eine Elektrische fuhr, es war am 19. November 1897, war die Linie Braunschweig–Wolfenbüttel mit Erlaubnis des herzoglichen Ministeriums am 28. Oktober 1897 eröffnet worden. Bei den Probefahrten rammten sich zwei Motorwagen. Außer Beulen am Chassis geschah kein Unheil. Übrigens war das eine Art Lehrgeld, wer konnte denn den Fahrern Unterricht geben? Hier galt das Prinzip der Selbstausbildung, hier galt das Bismarckwort in sinnentsprechender Abwandlung: »Setzen wir Deutschland in den Sattel! Reiten wird es schon können!« Für 25 Pfennige konnte man nun nach Wolfenbüttel, zum »Lechelnholz« oder nach Antoinettenruh kommen. Bald hatte sich bei der Benutzung der Tram eine Unsitte eingeschlichen. Manch ein Braunschweiger wird in Erinnerung an diese Jugendstreiche das Schmunzeln nicht unterdrücken können. Die Türen zum Inneren des Wagens waren Schiebetüren. Sie ächzten und stöhnten, wenn sie geöffnet werden mußten, bei kaltem Wetter wurden sie von innen her geschlossen. Da aber auf der Plattform sich Fahrgäste befanden, so war in der Türe eine kleine Messingklappe, sozusagen ein Kläppchen. Dieses Kläppchen öffnete der Schaffner und pflegte zu fragen: »Wer hat noch keinen Fahrschein?« Das war der Moment, in dem sich gewisse Fahrgäste, vor allem die Jugend, klitzeklein machten und sich mit unschuldigem Gesicht nach hinten verdrückter. Nachdem der Schaffner noch einmal gefragt hatte: »Noch jemand ohne Fahrschein?«, schloß er das Kläppchen, die Gefahr war vorüber, einen Groschen hatte man gespart. Für einen Groschen bekam man eine große Tafel Schokolade »Rein Kakao und Zucker«, das waren Zeiten! Die Bahn um den Groschen zu prellen war gewiß nicht schön, aber Braunschweiger Jugend war offenbar in dieser Moralfrage nicht kleinlich.

Einen schweren wirtschaftlichen Verlust erlitt die Direktion der Straßenbahn, als die Postverwaltung den Beförderungsvertrag mit der Straßenbahn zum 1. April 1910 kündigte. Bisher fuhr das »Postbeförderungspersonal« frei in die entfernteren Bestellreviere, es wurde ja noch zweimal täglich Post ins Haus gebracht! Dafür zahlte die Postverwaltung bislang eine Abgeltung von 10 000 Mark p. a. Nun hatte die Postdirektion einen Büssingwagen, einen »Postkremser« angeschafft, damit konnte das Bestellpersonal für 4000 Mark befördert werden. Das allerdings ist nicht das einzige Beispiel des Kampfes hie Elektrische, hie Büssingauto.

Der unternehmerische Fabrikant Büssing hatte schon eine Überlandlinie Braunschweig–Wendeburg eingerichtet, und damit gab es bald Ärger. Es ärgerte den Straßenbahnführer der »5«, daß der Büssingomnibus, aus der Richtung Ölper kommend, fröhlich hupend und nicht ohne Schadenfreude an unserer guten alten Linie »5« vorbeifuhr, er fuhr schneller als die Tram. Wer nun unsere Rumpelbahn kannte, wundert sich nicht, sie zu überholen war kein Kunststück. Aber das durfte man sich nicht bieten lassen. Um Beweismaterial zu bekommen, ließ die Straßenbahndirektion am Anfangs- und Endpunkt der Strecke Zeugen mit Uhren zum Vergleich aufmarschieren. Dabei stellte sich heraus, daß – so wurde wenigstens behauptet – der »Autoomnibusführer« Karl Schöppe seinen Wagen mit mehr als 10 Kilometer hatte laufen lassen, das aber war ein Vergehen gegen das Gesetz über den Verkehr mit Kraftfahrzeugen § 27. Der arme Kerl wurde, das war nicht zu umgehen, vom Oberlandesgericht Braunschweig zu 5 Mark Strafe verurteilt.

Wie das Auto, so hat auch das Fahrrad den Bürgern und Stadtvätern manchen Ärger bereitet. Am 23. Mai 1868 führte ein spleeniger Engländer den staunenden Braunschweigern seine »Reitmaschine«, ein Veloziped vor. Es war eine Laufmaschine, wie sie der Freiherr Karl von Drais erfunden hatte. Alle Leute lachten, niemand nahm die Sache ernst. Das wurde erst anders, als der ehemalige Schmied Büssing in Braunschweig die Fabrikation von Fahrrädern aufnahm. Mit sicherem Blick erkannte er, daß ein Übungsgelände geschaffen werden mußte. So pachtete er vor dem Augusttore ein Grundstück, auf dem er eine Übungsbahn zur freien Benutzung baute. Ganz langsam begannen die Braunschweiger sich für das Veloziped zu interessieren. So berichtet der Dichter Friedrich Huch aus seiner Kindheit: »Papa hat mir zum Geburtstag ein schönes Veloziped geschenkt . . .«, und Ina Seidel erzählt von einer Familie in Braunschweig, »die mitsamt Frau und Töchtern dem Radsport huldigten; sie fielen unliebsam auf . . .«

Es lag wohl daran, daß Büssing in dieser Zeit Fahrräder herstellte, jedenfalls stieg das Interesse an der Neuerung. Zuerst erkannte Oberpostdirektor Schottelius den Wert des Rades für die Landpostbeförderung. So erlebten die staunenden Braunschweiger, daß ein Landbriefträger zu Rade in Richtung Ölper strampelte. Begleitet wurde er vom Herrn Oberpostdirektor persönlich, der, natürlich in einer Kutsche, in der auch der Postdirektor Harms saß, das amtliche Strampeln überwachte. Damit nicht genug, fuhren – in diesem Falle ebenfalls auf Rädern –, der Herr Oberpostsekretär Machwitz und, last not least, der Fabrikant Heinrich Büssing mit Fahrrädern neben dem Landpostboten her. In Ölper drehte die Kutsche um, während Machwitz und Büssing mit Fahrrädern den ganzen Weg mitfuhren. Die Postbestellung ging über Ölper–Wattenbüttel–Völkenrode–Lamm–Klein-Gleidingen und hatte um 12.30 Uhr die Wende erreicht. Die Rückkehr erfolgte über Raffturm–Lehndorf nach Braunschweig. Der Versuchsfahrer konnte sich schon, natürlich in strammer Haltung, um Viertel nach 1 Uhr bei seinen Vorgesetzten zurückmelden: ein voller Erfolg für den jungen Fabrikanten Büssing!

Einen weiteren Versuch dienstlicher Verwendung des Rades machte am 10. Oktober 1897 der Offizier du jour. Er kontrollierte die Posten und Wachen der 92er zu Rade. Nun wurde es Zeit, daß sich die Behörde mit dem Rade und den Radfahrern im Straßenverkehr befaßte (sonst wäre es keine richtige Behörde gewesen)! Es lagen viele Klagen vor. Das Magistratsmitglied Brückmann berichtete im Plenum:

»Das Radfahren hat derart überhand genommen, daß es zur Landplage werde. Zwar soll das Radfahren keineswegs eingeschränkt werden, aber wie die Zustände liegen, kann es nicht weitergehen. Fast täglich werden Personen durch Radfahrer verletzt.«

Man kam zu dem Beschluß, eine Fahrradsteuer einzuführen, und zwar sollte die Steuer für ein Herrenrad 20 Mark betragen, ein Damenrad sollte nur 15 Mark kosten.

Inzwischen hatte Büssing die Fahrradproduktion verringert und schließlich ganz eingestellt, das Erbe hatten die Pantherwerke auf der Ludwigstraße übernommen. Das Pantherrad hatte sich bald Weltruf erworben. Mit steigender Produktion wurde das Fahrrad als Sportgerät anerkannt. Der Braunschweiger Nothdurft baute um die Jahrhundertwende in Riddagshausen eine Radrennbahn, die bald zum Magnet für Profis wurde. Die Träger glanzvoller Namen fuhren hier ihre Rennen: Walter Rütt, Henri Meier, Anton Huber aus München und sein Stallgefährte Thadeus Robl. Leider hatte die Bahn einen schwerwiegenden Fehler, sie war zu flach im Rund angelegt. Bei einem Dauerrennen hinter Motoren gerieten der Magdeburger Lutter und der Braunschweiger Paul Bauer aneinander und stürzten. Lutter war sofort tot. Darauf verbot die Polizei die Rennen auf dieser Bahn, zumal noch ein zweiter tödlicher Unfall sich ereignete. Der Aachener Profi Huber Sevenich stürzte sich zu Tode. Als beste Rennfahrer galten in Braunschweig P. Bauer, Ernst Wasmus und Otto Koch. Der Name »Panther« wurde zum Traditionsnamen des Radsportvereins und die Rennen »Rund um den Elm und den Prinzenpark« sind noch heute Zugnummern.

Wenn Büssing die Produktion von Fahrrädern aufgab, so geschah dies in erster Linie um freie Hand für den Bau von Lastwagen zu bekommen. Er war für diese Aufgabe gut vorbereitet. Der hochbegabte Schmiedegeselle wußte, daß er mit seinem handwerklichen Können allein diese Aufgabe nicht meistern konnte, sein Wissen mußte fundierter sein. So schrieb er sich als Gastschüler im »Collegium Carolinum«, Vorläufer der heutigen Braunschweiger Hochschule, ein.

Büssings erster Packesel war »die graue Katze«, die 1902 präsentiert werden konnte. Ihr folgte der erste eigentliche LKW 1903, noch mit Holzrädern versehen. Es gibt für den Selfmademan Büssing nur den Farmersohn Henry Ford als Vergleich. Büssing war von einer fast penetranten Gründlichkeit. Dieser LKW und die folgenden gingen täglich zu Erprobungsfahrten. Man schonte die Fahrzeuge nicht. Schon am 22. Oktober 1903 schickte er einen 9-PS-LKW in den Harz bis auf die Torfhaushöhe, und das mit einer Nutzlast von 3 t! Waren die Fahrzeuge einige Zeit erprobt, so wurden sie in kleinste Teile zerlegt und jedes Teil genau auf Fehler oder Verschleiß geprüft. Das wurde so oft gemacht, bis keine Mängel mehr auftraten. Bei solcher Braunschweiger Gründlichkeit konnte es nicht ausbleiben, daß Büssingwagen aus Braunschweig Weltruf erwarben. Die Büssingwagen übernahmen bald alle Aufgaben, die bislang von Pferden bewältigt worden waren.

Das Problem der Umstellung vom Transport mit Pferdefuhrwerken auf Lastwagen wurde in der Stadtverordnetenversammlung beraten. Der Stadtverordnete Esdorn berichtet:

»Die probeweise Benutzung des Autos habe gute Resultate ergeben. Die Betriebsicherheit sei mit der des Pferdebetriebes gleichzustellen. Es sei auch schwer, geeignete Pferde zu bekommen. Die Unterhaltungskosten betrügen jährlich 16 000 Mark. Selbstverständlich habe man die hiesige Firma Büssing bevorzugt. . .«

Und nun ging es Schlag auf Schlag: Am 20. Juni 1912 beschloß man, die Feuerwehrbespannung auf Kraftwagen umzustellen, am 3. Juni erfreute ein motorisierter Sprengwagen die Bürger, insonderheit die Jugend. Damals bestand noch die löbliche Manier, bei heißem und staubigem Wetter Wasserwagen durch die Straßen fahren zu lassen, die eine Art Regendüse hatten. Durch diese wurde erfrischendes Naß auf die Straßen verregnet. Das Wasser wurde jeweils der Oker entnommen. Am 16. Februar 1928 folgte eine segensreiche Neuerung: die Müllwagen wurden motorisiert und ihnen wurde etwa die Form gegeben, die sie heute haben. Bislang war das Abholen von Müll im höchsten Maße unhygienisch gehandhabt worden. Einfache Wagen waren mit sackleinenbespannten Klappen versehen. Die Wagen nahmen den Müll, der in Kisten und Kasten, was sich so anfand, bereitgestellt war auf. Er wurde in den Wagen geschüttet, Klappe zu – aber der gefilterte Aschen- und Müllregen ergoß sich auf Menschen, Tiere und Straßen.

Der Missetäter Karl Schöppe mit seinem rasanten Bus der Linie Wendenburg–Braunschweig

Die gemütliche Kutsche von Braunschweig nach Grassel. In Grassel war eine Molkerei, die noch im Ersten Weltkrieg Magerquark an die Bevölkerung abgab. Der Verfasser hat auch noch solchen Quark geholt, im Rucksack, das suppte so, daß der ganze Rücken naß wurde. Hatte man Hunger, und den hatte man als Junge immer, damals wie heute, so nahm man seinen Rucksack und aß den rohen Quark. Er schmeckte nicht besonders, der Hunger aber trieb ihn rein!

Obschon wir mitten in der Motorisierung sind, sei noch einmal daran erinnert, daß dies Geschenk nicht ohne Opfer abging. Die Teilnehmer der Fernfahrt Berlin-Frankfurt a/M wurden vor Gericht gestellt, weil sie, unerhört!, mit 10 km durch die Stadt gebraust waren. Sie hatten damit gegen die §§ 27 und 28 des Gesetzes vom 25. Mai 1906 verstoßen. Verteidigt wurden sie, rechte Verkehrsrowdis, durch RA Herdegen. Mag es nun sein, daß den Richtern und Geschworenen dämmerte, daß eine neue Zeit angebrochen sei, oder war es die Eloquenz des Rechtsanwaltes, sei es wie es sei, alle »Verbrecher« wurden freigesprochen, ein Hoch den Braunschweiger Schöffen!

Inzwischen war sogar schon ein Automobilclub in Braunschweig gegründet worden, ein exclusiver Verein. Als bekannt wurde, daß am 25. Juli 1908 die Teilnehmer der Fernfahrt New York-Paris-Berlin durch Braunschweig fahren würden, hielt sich der Automobilclub bereit, den im vordersten Rennen liegenden Oberleutnant i. G. Köppen zu empfangen. Man wartete bis zur Dunkelheit, aber wer nicht kam war Köppen. Endlich, man wollte schon enttäuscht aufgeben, kam aus dem Dunkel der Straße ein Fauchen und Knattern: Hurra! Hurra! Hurra, Köppen war da! Allerdings brannte keine Lampe an dem »Protoswagen«, so etwas war damals möglich. Brannte eine oder gar beide Karbidlampen nicht, was macht es? Dann fuhr man eben ohne Licht! Die Herren im »Protos« sahen freilich ziemlich mitgenommen aus, kamen sie doch direkt aus Paris, und das in einem offenen Auto der Pionierzeit. Im »Deutschen Haus« erfrischten sie sich als Gäste des Clubs. Man sprach von Erlebnissen auf der Fahrt, die, was die Anstrengungen und Gefahrenmomente betraf, etwa einer Afrikaexpedition unter Stanley entsprach. Sehr treuherzig beantwortet einer der Fahrer wieviel Opfer auf der Strecke geblieben waren. Es waren:

37 Hunde
ein paar hundert Hühner, aber
keine Menschenleben!

Die Jahre von 1900 etwa bis 1910 waren Jahre des Auf- und Ausbaues kommunaler Einrichtungen, die wir heute als selbstverständlich hinnehmen, die aber zu jener Zeit beachtenswerte Neuerungen darstellten. Es gibt in diesem Zusammenhang eine solche Fülle von Ereignissen, daß hier der Platz fast zu knapp wird.

Der Reigen wurde von dem Oberbürgermeister Pockels eröffnet. Am 27. Dezember 1900, 12.30 Uhr sprach er vor geladenen Gästen zur Einweihung des neuen Rathauses, das heute schon wieder der Altbau ist. Da waren in feierlichem Gehrock, angetan mit allen Orden erschienen: Geheimrat Hartwig, Dr. jur. Trieps, der Kreisdirektor Langerfeld und weitere Gäste. Pockels sprach: »Zu Nutz und Frommen aller Bürger dieser Stadt wurde dieses Haus erbaut, sie sollen hier beraten und geleitet werden. . .« Das Erfreulichste war die Abrechnung, die am 14. Juli 1902 erfolgte. Dabei wurde – wörtlich – auf den Pfennig abgerechnet. Es ergab sich sogar ein Überschuß!

Bewilligt waren	2 016 900,00 Mark
Nach Abzug aller Ausgaben	1 954 096,99 Mark
Es bleiben als Überschuß	62 803,01 Mark

Eine beachtliche Leistung!

Im Vestibül des Rathauses hängt heute noch die Tafel, mit der die dankbare Stadt den Erbauer ehrte:

»Dem Erbauer des Rathauses, Stadtbaurat Ludwig Winter widmen diese Ehrentafel der Stadtmagistrat und die Stadtverordneten der Stadt Braunschweig im Jahre 1900«. Ein Relief, das den Erbauer darstellt wurde von Professor Leitzen in der Ringlebenschen Kunstwerkstatt in Bronze ausgeführt.

Die günstige Finanzlage der Stadt ging aus der Kämmereirechnung vom 14. Oktober 1908 hervor. Man schloß mit einem Überschuß von 400 000 Mark ab!

Bei solcher Kassenlage konnte die Stadt schon an Projekte denken, die zwar nicht viel, aber immerhin einige Kosten verursachen würden. Man baute den »Scherbelberg« im Bürgerpark aus. Es handelte sich um eine Müllaufschüttung, die nun gärtnerisch gestaltet wurde. Unter dem 12. März 1910 wurde berichtet, daß die Arbeiten am »Monte Scherbelino«, wie ihn der Volksmund taufte, gut vorankamen. Man darf bei solchen Arbeiten, die Gestaltung des großen Exerzierplatzes am Ende der Kastanienallee zum »Prinzenpark« schloß sich an, nicht vergessen, daß alle Erdarbeiten von Hand ausgeführt werden mußten. Dadurch waren zwar viel Arbeitsmöglichkeiten für Arbeiter und Hilfsarbeiter gege-

Festsitzung im Rathaussaal beim Antritt des Oberbürgermeisters Böhme am 12. Dezember 1929

Das Neue Rathaus, eingeweiht am 27. Dezember 1900

ben, aber das alles kostete Zeit, viel Zeit. Die gegenwärtige Höhe, so fährt der Bericht fort, beträgt 22 m vom Okerspiegel aus, vorgesehen ist eine Höhe von 35 m, die einen umfassenden Rundblick gestattet. Wie gelungen die gärtnerische Gestaltung ausfiel, zeigen unsere Bilder. Es war vorgesehen, auf der Höhe einen griechischen Tempel bzw. eine Nachbildung zu erbauen. Zur Ausführung kam dieses Projekt nicht.

Bierkeller im Rathaus

Die gärtnerische Gestaltung des »Monte Scherbelino« ◁▷

Die Arbeiten am »Prinzenpark« begannen am 16. Februar 1894. Jeder Winter war für viele Braunschweiger eine Zeit der zum Teil witterungsbedingten Arbeitslosigkeit. Um so manchem Familienvater den so lebensnotwendigen Verdienst zu verschaffen, kam es zu der ungewöhnlichen Zeit des Arbeitsbeginns. Getragen wurden die Kosten diesmal nicht von der Stadt, sondern es ging auf Rechnung der »Hofstaatskasse«. Am 20. Oktober 1900, sechs Jahre nach Beginn der Arbeiten, beschäftigten sich die Planer damit, »einen schönen Promenadenweg vom Nußberg nach Riddagshausen anzulegen. Der Weg führte durch die herrliche Baumallee am Südende des Nußberges und kreuzt den Fahrweg nach Riddagshausen. Da dieser Weg höher liegt als der neue Weg, so werden zu ihm von beiden Seiten Treppen hinaufgeführt, die gleichfalls schon in Arbeit sind.« Braunschweiger Spaziergänger kennen und lieben diese Allee.

§ 1.

Bei Antritt der durch den Vertrag verpflichteten Stellung hat sich der Angestellte bei zuständiger Stelle zur Angabe der Personalien zu melden, auch ist dort jeder Wohnungswechsel sofort anzugeben.

§ 2.

Die Arbeitszeit dauert wochentags von 8 Uhr vormittags bis 8 Uhr abends. Als Ausnahmen gelten die durch Ortsstatut festgesetzten Tage vor Weihnachten. In besonderen Fällen kann die Geschäftsleitung Überstunden ansetzen, die die gesetzlich vorgeschriebene Ruhezeit nicht überschreiten. Diese werden nicht besonders bezahlt. An Sonn- und gesetzlichen Feiertagen dauert die Geschäftszeit von 11—1 Uhr mittags. Eine Liste der an diesen Tagen zum Erscheinen verpflichteten Angestellten wird am Tage zuvor zur allgemeinen Kenntnis gebracht. Punkt 11 Uhr soll jeder Angestellte auf seinem Platze sein und die Verkaufsstände in Ordnung haben.

§ 3.

Zur Einnahme des Frühstücks- und Vesperbrotes ist je eine Pause von 15 Minuten festgesetzt, diese Pausen sind so einzurichten, daß stets genügend Personal in den einzelnen Abteilungen vorhanden ist. Die Garderobe darf nur in den im Garderobenraum aufgestellten Schränken untergebracht werden. — Speisen und Getränke dürfen ebenfalls nur in dem zur Verfügung gestellten Erfrischungsräumen eingenommen werden. Getränke sind nur von dem zum Vertriebe

»Benimm-Ordnung«, sprich Geschäftsordnung, eines Handelshauses von 1912

Das Landeskrankenhaus, dessen chirurgischer Leiter, Dr. Seidel, durch böswillige Verleumdung zum Selbstmord getrieben wurde, und das Marienstift versorgten in ausreichendem Maße die Bevölkerung im Krankheitsfalle. Am 25. Februar 1910 regte der Stadtverordnete v. Ribbentrop an, »baldigst einen neuen Krankenwagen zu beschaffen, da das alte Vehikel, das immer noch in den Straßen der Stadt umherrollt, nicht mehr zeitgemäß ist«. Die ärztliche Versorgung zur Nachtzeit, die bislang sehr kümmerlich war, wurde verbessert. Ein Abkommen mit den Braunschweiger Ärzten Dr. Engelbrecht, Egidienmarkt 9, Dr. Gerich, Kasernenstraße 8, Dr. Heller, Am Ackerhof 1, v. Holwede, Kohlmarkt 5, Dr. Oelmann und den meisten in der Stadt praktizierenden Ärzten besagte, daß sie im Falle wirklicher Gefahr ärztliche Hilfe auch zur Nachtzeit leisten wollen. Dabei wurde allerdings vorausgesetzt, daß Personen, die außerhalb der Wälle wohnten, in solchen Fällen dem Arzt eine Droschke schicken.

Auch in sozialer Hinsicht trat ein gewisser Wandel ein. Eine Reihe Firmen gaben bekannt (1913), daß sie sonntags ihre Geschäftsräume vollständig geschlossen halten werden, »damit sich die Ladengehilfen am Sonntag des Lebens erfreuen können«.

Die Zeit vor dem Ersten Weltkrieg brachte Neuerungen, für die vordem kein Raum gewesen war. So war die Post bereit zu prüfen, »ob bei der hiesigen Fernsprechvermittlungsanstalt der Dienst nicht bis 12 Uhr nachts zu erweitern sei. Wenn in Interessenkreisen Neigung vorhanden ist, erhöhte Gebühren als Gewährleistungssumme zu zahlen, so soll der verlängerte Dienst eingeführt werden«. Noch 1910 wurde etwa um 18 Uhr der Fernsprechdienst stillgelegt. Für den zärtlichen Schlager der dreißiger Jahre, »Nachts ging das Telefon« war hier noch kein Raum.

Um die Jahrhundertwende, genau gesagt am 17. Mai 1899, wurde Braunschweig von einem Brandunglück getroffen, von dem Pastor Runte am Grabe der Opfer sprach: »So weit die Gedanken der Ältesten in der Stadt Braunschweig zurückreichen, ist noch niemals ein so furchtbares Unglück darin vorgekommen.« Das noch tausendfältigere Unglück, das Braunschweig am 15. Oktober 1944 traf, konnte er ja nicht erahnen, hat es allerdings noch selbst erlebt, denn Pastor Runte, inzwischen Stadtkirchenrat geworden, starb am 9. 11. 1946.

In der schon sommerlich warmen Frühlingsluft flanierten am Abend des 17. Mai 1899 Ehepaare, junge Mädchen und Frauen in der Schuhstraße und sahen mit Entzücken die neuesten Sommerstoffe, die in reichem Maße in den Schaufenstern des Kaufhauses Karstadt auslagen. Das technisch Modernste an Beleuchtung, Glühbirnen, gespeist durch das Wunder der Elektrizität, brannten in den Schaufenstern und gaben den duftigen Stoffen in Rosa und Blau feenhaftes Aussehen. Plötzlich, erschreckt fuhr eine Beschauerin zusammen, da züngelte eine winzige Flamme an dem rosa Chiffon und wurde beängstigend schnell größer und größer. Offenbar hat die junge Frau im Schock die schlimme Beobachtung nicht weitergegeben, denn in kurzer Zeit stand die Auslage in hellen Flammen. Das Feuer fraß sich wie rasend weiter, erfaßte das Erdgeschoß, die übrigen Etagen, und bald stand das große Kaufhaus Karstadt in hellen Flammen!

Es war kurz vor Pfingsten und im Hause in den Bodenräumen, in denen die Schneiderwerkstätten lagen, arbeiteten noch 14 Personen, die zunächst von dem Feuer nichts bemerkten. Als sie aufschauten, waren sie von Flammen umgeben, und es gab für sie keine Rettung mehr. Man muß bedenken, daß um die Jahrhundertwende die feuerpolizeilichen Sicherungen noch recht unvollkommen waren, es gab höheren Ortes keine strengen Auflagen. So verbrannten am lebendigen Leibe Schneider Karl Bosse, Paule Trippler, Frankfurtzer Str. 35, Meta Schulz, Schöppenstedterstraße 32, Marie Becker, Alte Waage 21, Elsbeth Ruthemann, Hauptbahnhof 18, Frieda Jordan, Gliesmaroder Straße 46. Eine Frau Schmidt, sie wohnte im Nachbarhause, sah das Drama, ohne helfen zu können. Die jungen Mädchen standen händeringend an den Fenstern, den Sprung in das bereitgehaltene Sprungtuch wagten sie nicht. Dabei hätten sie dem Feuer entkommen können, denn nach dem Hofe zu war eine Nottreppe, die vom Feuer fast noch frei war. Doch die Panik hatte die Eingeschlossenen erfaßt, sie sahen diese Möglichkeit ihrer Rettung nicht.

Karstadt in der Zeit nach dem Brand

Reichspräsident Paul von Hindenburg besucht am 15. November 1926 Braunschweig. Hier Ankunft auf dem Sondergleis des Bahnhofes. Der Herr mit dem Zylinder ist der Minister Dr. Marquard. Der Herr neben Hindenburg – barhäuptig – ist Oberbürgermeister Dr. Trautmann. Ganz rechts ist Hindenburgs Sohn Oskar, Adjutant seines Vaters

Für das in anderer Art große Unglück, das am 1. Juli 1891 die Stadt traf, mag eine Augenzeugin zu Worte kommen: »Die ausgestorbenen Straßen waren ohne jede Beleuchtung, da sämtliche Laternen durch schweren Hagelschlag zertrümmert waren, die Gehsteige waren derartig überschwemmt, daß Großmutter kurz entschlossen einen Dienstmann anheuerte, der mich tragen mußte, Droschken waren nicht aufzutreiben. Der Dienstmann erzählte uns unterwegs, wie der Stadt mitgespielt worden war und daß es kein heiles Fenster mehr in der Stadt gäbe, was sich bei Tageslicht als fast zutreffend herausstellte. Dabei knirschten seine Füße immer wieder über die Scherben, die die Straße bedeckten. In der Wohnung sah es schlimm aus. Nur die Scheiben des Schlafzimmers, vor dem ein gedeckter Balkon war, erwiesen sich als verschont. . .Am andern Tag fand ich beim Spazierengehen im Theaterpark viele arme erschlagene Vögel. . . .Die Glaser des ganzen Herzogtums bekamen Arbeit, mein Vater ließ sogar einen Meister mit Gehilfen aus Berlin kommen, um die Fenster seiner Klinik schnell wiederherzustellen.« (Ina Seidel)

Die Nutznießer, so darf man schon sagen, waren die Schulkinder, vor allem die Kinder auf dem Lande, denn »der Hagelfeiertag« wurde zum Feiertag erklärt, die Schule fiel an diesem Tage aus. Die Bevölkerung, vor allem wieder auf dem Lande, strömte in die Kirchen und bat Gott, sie künftig von solchem Hagelschlag zu verschonen. Diesen frommen Bitten war offensichtlich Erfolg beschieden, denn einen Hagelschlag aus kosmischen Weiten hat Braunschweig nicht wieder erlebt.

Als im Sommer 1908 ein Blitz das Luftschiff des ehemals Württembergischen Offiziers, Graf Ferdinand von Zeppelin, am Boden zerstörte, ging eine Welle nationaler Einigkeit durch das Volk, jeder wollte spenden. 6 000 000 Mark betrug die Nationalspende der Deutschen. Auch der Stadtmagistrat Braunschweig beteiligte sich mit 2 000 Mark, Referent war Dr. Jasper. Viele glaubten, daß der Besuch des neuen Zeppelin gewissermaßen eine Geste des Dankes war. Dem ist nicht unbedingt so, vielmehr wollten der Regent und seine Frau, wie auch Fürst Kuno und seine Frau, Fürstin zu Stolberg–Roßlau, der Hofmarschall von Rantzau und der Flügeladjutant, Freiherr von Knigge einmal eine Fahrt im Zeppelin machen. Es war also mehr ein oberirdischer Fürstenbesuch. Das Luftschiff wurde von Dr. Eckener geführt. Es war etwa 8.10 Uhr von Hamburg aufgestiegen, passierte um 9 Uhr Lüneburg, flog über die Anstalten von Kästorf eine Schleife (warum wohl gerade dort?) und erschien völlig unerwartet gegen 12 Uhr über Braunschweig. Dort flog es her und hin über die Altstadt, warf Briefpost ab und landete schließlich für kurze Zeit auf dem Großen Exerzierplatz. Das war am 29. August 1912.
»Im Nachgang« zu diesem Ereignis ist einer humorvollen Episode zu gedenken. Graf Zeppelin wurde zum Ehrenmitglied des Braunschweiger Karnevalsvereins gewählt. Es ist nicht zu ergründen, was man sich dabei gedacht hat. Wahrscheinlich wußte auch das neue Ehrenmitglied nicht, was es

Reichspräsident v. Hindenburg beim Verlassen des Rathauses

Besuch des Zeppelin »Hansa« am 29. August 1912, über dem Landeplatz, dem »Großen Exer«

Gelandet!

davon halten sollte. Sarkastisch war darum seine Dankesadresse: »Herrn Gerd Junge, Präsident der Karnevalsgesellschaft. Nachdem ich so lange im Ernst für einen Narren angesehen wurde, fühle ich mich sehr erheitert durch meine scherzhafte Aufnahme in den Narrenorden.«
Viermal stand Braunschweig im Rampenlicht der Weltgeschichte:
Als am 1. Dezember 1838 die erste staatlich betriebene Eisenbahnlinie Deutschlands eröffnet wurde,
als am 3. November 1913 Herzog Ernst August von Braunschweig-Lüneburg in seine Hauptstadt einzog,
als der Herzog am 8. November 1918 vom Arbeiter- und Soldatenrat abgesetzt wurde, und
als, nach langem Hick-hack, am 25. Februar 1932 Adolf Hitler zum Regierungsrat in Braunschweig ernannt wurde. Das war der Anfang vom Ende, das uns am 15. Oktober 1944 beschieden war.
Der Wortlaut der Urkunde:
»An den Schriftsteller Herrn Adolf Hitler, München. Das Braunschweigische Staatsministerium hat beschlossen: Sie werden mit Wirkung vom heutigen Tag unter Berufung in das Beamtenverhältnis zum Regierungsrat ernannt (Besoldungsgruppe A2b). Das Besoldungsdienstalter wird auf den Tag der Ernennung festgesetzt.

Braunschweig, 25. Februar 1932
Das Staatsministerium
gez. Küchenthal gez. Klagges

Hierzu ist zu bemerken, daß die Beamteneigenschaft die Grundlage zur Wahl als Kanzler war, Hitler war bis dahin staatenlos.Der Einzug des Herzogpaares am 3. November 1913 war natürlich eine aufregende Sache. Behörden, Firmen, Bürger, Schulen, sie alle waren übereifrig, den Einzug so glanzvoll wie möglich zu gestalten. Schon am 1. November nahm »der Pfefferküchler« dazu Stellung. Zunächst entschuldigt er sich: Er kann nicht mit seiner Backstubenschürze sich in die Reihe der jubelnden Bevölkerung stellen, auch kann er nicht aus einem Fenster winken, weil der feierliche Einzug nicht durch die Hutfilterngasse geht. – Mit dem Vivataband haben wir gleichfalls Pech fuhr er fort. Der Zeichner ist ein bekannter Künstler und Porträtmaler, er hat aber nicht damit gerechnet, daß der Druck auf Seide Verzerrungen bringt. Das Seidenband mit dem Bild der Herzogin zeigte keinerlei Ähnlichkeit, es war durch den Druck völlig entstellt. Auch das Poem, das das Paar feiern soll, gefiel dem Pfefferküchler durchaus nicht. Er dichtete selbst:
»Victoria Louise
verzeih' uns bitte diese
Verse von Ludwig Löser,
Andre dichten noch viel böser.
Und dann verzeihe mild
Uns auch Dein Vivatbild,
Auch uns erfaßte Grausen,
Wie Dich sah Günther Clausen.
Victoria Luise,
Hier in dem Paradiese

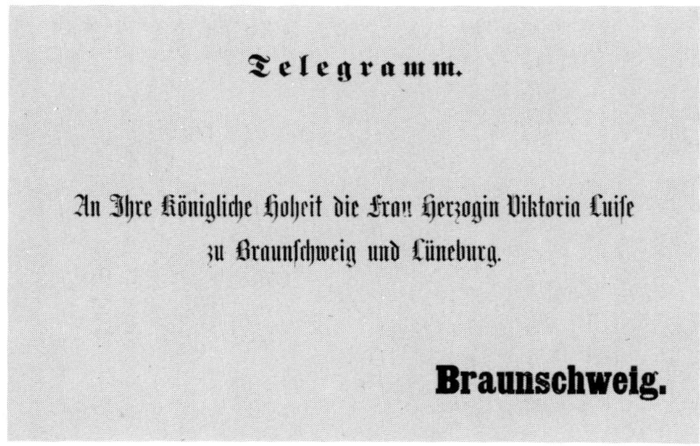
Telegramm.

An Ihre Königliche Hoheit die Frau Herzogin Viktoria Luise
zu Braunschweig und Lüneburg.

Braunschweig.

In diesem Umschlag, 19 × 13 cm, wurden Telegramme der Herzogin zugestellt

Das Herzogspaar wird auf dem Hauptbahnhof empfangen (alter Bahnhof) am 3. November 1913 ▷

Die Ehrenpforte zum Einzug des Herzogs und der Herzogin. ▷

Der Spargel- und Wurstvertilger.
Da steht die Kunst
In hoher Gunst
Und ist auch noch viel bill'ger.«
Die Antwort, die der Pfefferküchler für seinen Angriff auf die Dichtkunst des Ludwig Löser bekam, ist nicht weniger amüsant, deshalb soll sie noch folgen:
»Mein lieber Bäckermeister,
Schwach sind oft die Geister.
Ein Pfefferkuchenbäcker
macht seine Ware lecker
mit Zitronat und Mandeln.
Sie würzen Ihre Kuchen,
um mit mir anzubandeln,
Mit meinen Reimversuchen.
Mein lieber Kuchenbäcker,
Verschieden sind Geschmäcker.
Sie finden meine Ergüsse,
Ich Ihre Pfeffernüsse
Ein wenig unverdaulich,
Na, bleiben wir beschaulich,
bin Ihnen darum nicht böser
Herzlich
Ihr
Ludwig Löser.«

Die Feststrasse in Braunschweig beim Einzu
des Herzogs u. der Herzogin Ernst August
Hotel Kaiserhof

Das junge Paar, auf das die Braunschweiger, ohne Einschränkung, stolz waren

Der Herzog schreitet die Front der Ehrenkompagnie ab ▷

Ruft Viktoria!
Die Prinzessin ist da!
Tausendfaches Vivat sie begrüßte,
Unsre Herzogin Viktoria Luise!

Hohenzollernkind!
Güt' und Anmut sind
Deine holden, sieggewohnten Waffen.
Schau wie sie dir neuen Sieg verschaffen!

Die Eroberung Macht uns bunt und jung.
Braunschweig schmückt sich wie zum Paradiese,
Jubelt: Heil Viktoria Luise!

(Löser)

Eintreffen des Herzogspaares am Schloß ▷

Ehrenjungfrauen. Man sieht den jungen Mädchen die freudige Erregung an. Sie fiebern, sie trippeln fast am Fleck vor Erwartung des hohen Paares: Wie mögen sie aussehen? Ob sie anhalten und uns begrüßen und danken. . . ?«

9

So hat denn diese literarische Fehde noch einen guten Ausgang genommen. Es wäre doch betrüblich gewesen, wenn zu Beginn des Herzogeinzuges Zank und Streit die Gazetten erfüllt hätte. Es herrschte eitel Freude in der Stadt. Girlanden, Tannengrün und bunte Bänder verdeckten schier die Schönheit der Häuser mit ihren recht kostbaren Schnitzereien. Kinder und Erwachsene nahmen an dem Fortgang der Ausschmückungsarbeiten großen Anteil.
»Forsch und unternehmungslustig kam da ein Primaner mit einem übermütigen Backfischchen über den Hagenmarkt. Beim Vorübergehen hörte man die Maid fragen: ›Er soll direkt schön sein! Ob er wohl in Husarenuniform kommt?‹« Auch die Frage: »Was für einen Mantel mag wohl die Herzogin tragen? Sicher einen Hermelinmantel!« wurde gestellt. Hamburger und Littauer, die große Konfektionsfirma, hatte aus vielen hunderten von weißen Taschentüchern die Quadriga vom Schloß nachgebildet. Dazu den Spruch: »Brunonia grüßt das junge Herzogspaar.«
Am Bahnhof schon wurde das einziehende Paar von den Behörden des Reiches, des Herzogtums und der Kommunalen Verwaltung begrüßt, dann ging die Fahrt über den Gieseler Wall, Friedrich-Wilhelm-Straße, durch die von Baurat Osterloh entworfene Ehrenpforte. Zu beiden Seiten der Durchfahrt standen Vertreter der städtischen Behörden, die Geistlichkeit und Ehrenjungfrauen Spalier. Weiter führte die Triumphfahrt über den Bruchtorwall, Brabantstraße, Altstadtmarkt, Garküche, Poststraße, Kohlmarkt, Schuhstraße, Sack, vor der Burg und endete auf dem Hagenmarkt. Die gesamte Altstadt wurde auf diese Art dem Paar gezeigt. Unter einem Baldachin nahmen Herzog und Herzogin Platz, nun sprach Schulinspektor Sattler die Begrüßungsworte. Sattler war der führende Mann in allen Dingen vaterländischer Feiern. Dann erschollen frische Kinderstimmen. So manch eine Braunschweiger Bürgerin, so manch ein Bürger erinnern sich noch heute – wie im Traum – daran, daß sie beim Einzug des Herzogpaares mitgewirkt haben. Chorleiter Thönike dirigierte seinen Kinderchor, viele Augen füllten sich mit Tränen der Rührung und der Freude.

In den nächsten Tagen fühlte sich die Herzogin, die sehr unternehmungslustig durch die Altstadt streifte, verschiedentlich durch die Neugier des Publikums belästigt. Zur Entschuldigung der großen und kleinen Braunschweiger sei gesagt, daß das sicher nicht böse gemeint war. Es war schlichte Neugier von Bewohnern einer kleinen Residenz. Bislang hatte man noch keine richtige, lebendige Herzogin gesehen, sie wurde wie ein Wundertier angestaunt. Die Lokalnachrichten einer Tageszeitung berichten: »Am Sonnabend erging sich die Frau Herzogin in der Altstadt, um sich an der malerischen Architektur, die zum Teil noch im Schmuck der Tannengirlanden und bunten Fahnen zu sehen war, zu erfreuen. Auch der Anblick der Schaufenster mit ihren reichen Auslagen fand das Interesse von der hohen Frau. Leider wurde dem Gang ein vorzeitiges Ende gemacht infolge des taktlosen Verhaltens des Publikums, das auf Schritt und Tritt der Herzogin folgte und die hohe Frau schließlich durch neugieriges Angaffen und dummdreiste Bemerkungen bedrängte, daß die Herzogin in einem Hause Zuflucht suchen mußte. . .«
Die Kirchenleitung nahm auf den Einzug Bezug, indem sie ein neues Kirchengebet vorschrieb, das ab sofort sonntags gebetet wurde:
»Schirme mit deiner Gnade unsern Herzog
und Landesherrn, und die Herzogin, seine
Gemahlin. Segne das ganze fürstliche Haus
Braunschweig-Lüneburg in allen seinen Gliedern«
Regiert wurden die Braunschweiger aus dem Landtagsgebäude am Eiermarkt, einem Bau von klassischer Schönheit und Schlichtheit (erbaut von 1794 bis 1799). Ein Bewunderer dieses Hauses schrieb 1802:

Kaiser Wilhelm und sein Schwiegersohn der Herzog vor dem Dom zu Braunschweig aus Anlaß der Taufe des Erbprinzen

Huldvoll spricht die Herzogin mit Schulinspektor Sattler vom Empfangskomitee

Mutter und Tochter, die Kaiserin Auguste und die Herzogin Viktoria Luise überqueren zu Fuß (!) den Bohlweg, bestaunt von der Volksmenge

»Das Landschaftliche Haus gehört zu den schönsten Gebäuden Niedersachsens, ist im neuestem Geschmack ganz massiv ausgeführet, und hat eine vorspringende Attike und eine vorzügliche Kolonade. Die Hauptfassade steht gegen die Märtenkirche. Es ist der Versammlungsort der Landschaft und der Sitz des Archivs.« Alles, was von dem herrlichen Gebäude geblieben ist, sind die vier schönen Säulen des ehemaligen Aufgangs und die Freitreppe, die in das Innere des Landtages führte. Ein nicht zu ersetzender Verlust. Das Archiv und die Plankammer, Aufbewahrungsort von ungezählten Akten zur Landesgeschichte vieler Jahrhunderte, gingen mit dem Bauwerk zugrunde im Feuersturm des letzten Krieges.

Ihre Königliche Hoheit, Herzogin Victoria Luise, ist noch heute eine gern gesehene Persönlichkeit bei öffentlichen Veranstaltungen

Das Landtagsgebäude, die »Landschaft«, wie es auch genannt wurde. An seinem Platz stand einmal das Zeughaus (1358), später ein Husarenpferdestall. Erhalten geblieben sind nach der Zerstörung 1944 lediglich die vier Säulen und die Freitreppe, die als Zeugen hervorragender Baukunst unter Denkmalschutz gestellt wurden und an der ursprünglichen Stelle verblieben sind

Die Mitglieder des Arbeiter- und Soldatenrates: (von links nach rechts) Hermann Meyer (SR), Hermann Schweiß (AR), Vorsitzender August Merges, ab 10. November Präsident der Sozialistischen Republik Braunschweig, Paul Gmeiner (AR), Henry Finke (SR), Fr. Schubert (SR), Schubert lebt noch heute als Rentner in Braunschweig. Diese Abordnung zwang den Herzog zum Thronverzicht

An der Spitze der Verwaltung stand ein Landsyndikus. Der letzte seines Zeichens war der Landsyndikus Klaue. Er war der höchste Landesbeamte und mußte hoffähig sein. Der eigentliche Bürobetrieb wurde von dem Rat Eichhorn geleitet, ihm zur Hand ging der Rechnungsrat Müller, dazu kamen einige weibliche Büroangestellte. Das Stenographische Landesamt, das für die Sitzungsberichte verantwortlich war, leitete Oberregierungsrat Dr. Bode. Das Ganze war eine Behörde, in der nach preußischen Beamtengrundsätzen gearbeitet wurde, dennoch lag ein Hauch des Gemütlichen über allem. So ging der Landsyndikus regelmäßig nachmittags ins Kaffee Markworth, um sein Schälchen zu trinken, die neuesten Zeitungen zu lesen und mit Herren der höheren Verwaltung zu schwatzen.

In diese hehren Hallen zogen Ende 1918 die Vertreter des Arbeiter- und Soldatenrates ein. Besonders ragten zwei Persönlichkeiten heraus: Schneider Merges und die Kommissarin für Volksbildung, Frau Minna Faßhauer. Merges war ein rednerisches Naturtalent, es kann ihm der gute Wille, für Ordnung zu sorgen, nicht abgesprochen werden. Über Minna Faßhauer wurde viel erzählt, dabei ist wahrscheinlich nicht alles richtig, was an Legenden verbreitet wurde. Dennoch wird hier eine Anekdote gebracht, allerdings »cum grano salis«. Sie wohnte Weststraße 12 und soll von Beruf Waschfrau gewesen sein. Man sagte ihr viel Lebensklugheit nach, ob sie allerdings das Zeug zum Kultusminister hatte? Man erzählt sich, daß sie einmal den Intendanten des Theaters habe kommen lassen. Sie habe ihm erklärt, das Theaterprogramm sei reichlich trist, es müsse mal etwas Lustiges gegeben werden. Als der Intendant hintergründig »Fidelio« vorschlug, habe Minna Faßhauer begeistert zugestimmt! Eine kräftige farbige Note bekam das erste Parlament auch durch Sepp Örter, ein aus Bayern zugewehter Redakteur, er verschwand aber bald aus unserm Blickfeld. Sepp Örter hatte einmal mit dem Demokraten Dr. Regensburger im Plenum einen so heftigen Streit, daß Örter nach dem Tintenfaß griff und seinen Gegner damit attackierte. In der Folge wurden die Tintenfässer in große und schwere Holzfässer versenkt. Das Jahr 1918 brachte die Entthronung des Herzogs durch den Arbeiter- und Soldatenrat. Bei diesem staatsrechtlichen Ereignis ging es recht simpel zu. Der einzige Zeuge dieses Dramas, der die Kontenance behielt, war Herzog Ernst August von Braunschweig-Lüneburg! In einer der vielen Versammlungen jener

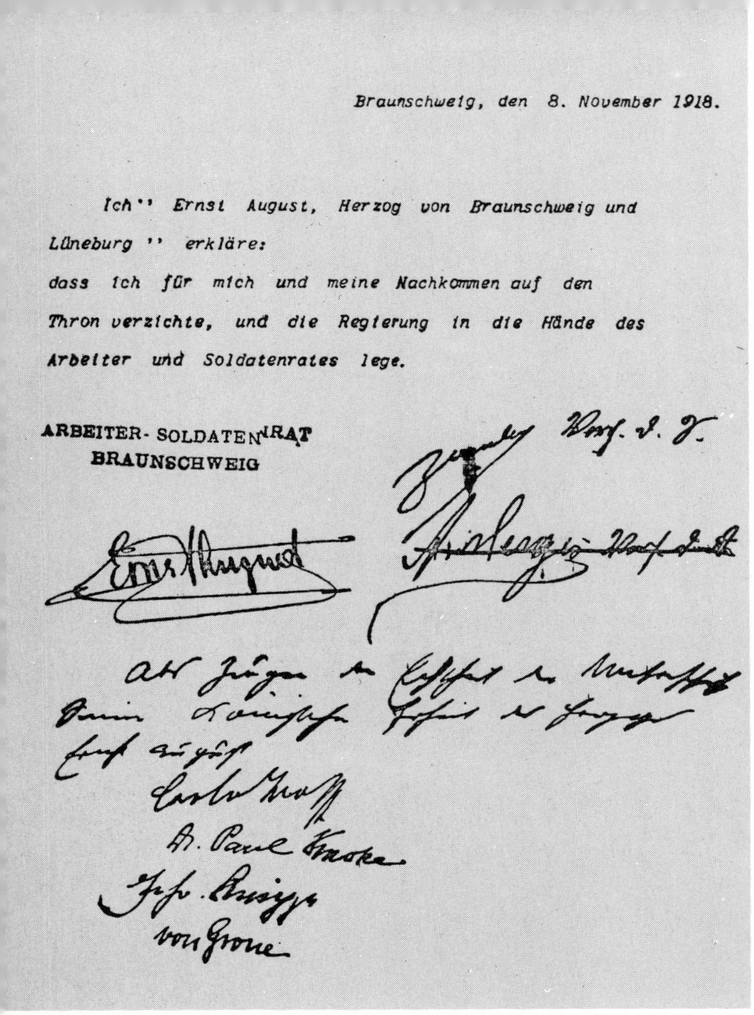

Braunschweig, den 8. November 1918.

Ich " Ernst August, Herzog von Braunschweig und Lüneburg " erkläre:
dass ich für mich und meine Nachkommen auf den Thron verzichte, und die Regierung in die Hände des Arbeiter und Soldatenrates lege.

ARBEITER- SOLDATENRAT
BRAUNSCHWEIG

Urkunde über den Thronverzicht

Demonstrationszug aus Anlaß der Beerdigung des am 5. Dezember 1918 bei der Rückkehr der 17er Husaren erschossenen Kindes

Zeit – im Wilhelmsgarten – verlangte das »Volk«, daß nun auch der Herzog abgesetzt werden müsse, da ja jetzt das Volk regiere. August Merges wurde zum Sprecher der Delegation ernannt, außer ihm waren noch dabei: Hermann Meyer (Soldatenrat), Hermann Schweiß (Arbeiterrat), Vorsitzender Merges, Paul Gmeiner (Arbeiterrat) Henry Finke (Soldatenrat), Fr. Schubert (Soldatenrat). In aller Eile wurde eine Schreibmaschine beschafft (ein damals sehr seltenes Requisit) und, offenbar nach verschiedenen Versuchen einer Formulierung, das dann vom Herzog unterschriebene Scriptum verfaßt. Damit zog die Kolonne zum Schloß. Der Herzog hatte die Tore zum Schloßplatz nicht schließen lassen, auch waren die Türen des Schlosses nicht verschlossen. So kam die Delegation unangefochten in ein kleines Arbeitszimmer des Herzogs. Nun erschien der Herzog in Begleitung zweier Hofbeamter. Merges begann: »Herr Herzog. . .« im Verlaufe seiner Rede verlangte er, daß der Herzog auf den Thron verzichte. Ernst August erbat sich eine kurze Zeitspanne zur Entscheidung und verließ das Zimmer. Als er nach einiger Zeit wieder erschien, hatten sich die Arbeiter- und Soldatenräte mit Zigarren bedient (sicherlich von einer nicht schlechten Marke) und qualmten nach Herzenslust. »Wie ich sehe, meine Herren, haben Sie sich schon bedient. Bitte nehmen Sie Platz, es lässt sich dann alles leichter besprechen!« Man nahm also Platz, und nun entwikkelte sich, so versichern alle Teilnehmer dieser Runde, eine »richtig« gemütliche Stimmung. Der Herzog erklärte, daß er, da sein Schwiegervater, der Kaiser, Deutschland inzwischen verlassen habe, nicht mehr an einen Eid gebunden sei.

Mitglieder der Studentenkompagnie als Teil der Maerckertruppen auf Wache im Rennelberggefängnis am 31. Dezember 1919

Darum werde er den Verzicht aussprechen. Wenn man sich nun das Scriptum näher betrachtet, so fällt einiges auf. Merges' Unterschrift wurde durchgestrichen, da der Herzog verlangte, daß ein Mitglied des Soldatenrates unterschrieb. Der Minister von Wolff muß wohl völlig außer sich gewesen sein, denn seine Handschrift trägt alle Merkmale höchster Erregung.

In der Folge kamen täglich Regimenter von der Front zurück, entweder im Durchfahren oder aber, sie waren aus Braunschweig. Jeder Soldatenzug wurde von einer Abordnung des AS-Rates empfangen. Bei der Ankunft der 17er Husaren kam es zu einem schlimmen Zwischenfall. Die Husaren, mit allen Waffen und Chargen, weigerten sich hinter der roten Fahne zu marschieren, plötzlich fiel ein Schuß. Wie das bei solchen Situationen meist ist, war keine Klarheit zu bekommen, wer geschossen hatte, das Opfer aber, ein vierjähriger Junge, lag tot am Boden. Aus der Beerdigung des Opfers wurde eine politische Demonstration.

Immer stärker setzte sich eine Tendenz durch, aus dem Freistaat Braunschweig eine Räterepublik nach dem sächsischen oder bayrischen Muster zu machen. Am 25. Januar 1919 fand in Braunschweig der Kongreß von Delegierten der Arbeiter- und Soldatenräte zur Gründung einer nordwestdeutschen Bundesrepublik statt. Vom 9.–15. April war der Generalstreik zur Aufrichtung der Räterepublik. Seit dem 10. April war der Gegenstreik der Bürger und Beamten, der gesamte Bahnverkehr wurde eingestellt. Nun sahen sich Reichspräsident Ebert und sein Reichswehrminister Noske, dem seine politischen Gegner den Beinamen »Bluthund« gegeben hatten, gezwungen, in Braunschweig einzugreifen. Der Freikorpsführer General Maercker bekam den Befehl, in Braunschweig die Ordnung wiederherzustellen. Unterstützt wurde Maercker durch die Einwohnerwehr und die Studentenkompagnie. Alles verlief unblutig. Als die Oker etwas später abgelassen wurde, fand man hunderte von Waffen, die die Roten in die Oker geworfen hatten.

Wenn sich die Politiker mit Tintenfässern bewerfen, dann lassen wir sie bei solchen Geschäften am besten allein. Wir bummeln lieber durch die Straßen und schauen in die Fenster der Wohnungen, auch wenn das nicht gerade fein ist. In der Altstadt wohnte man ziemlich gedrängt. So waren es im Hause Langestraße 5 im Jahre 1905 nicht weniger als 13 Familien: Rischbieter, Arbeiter, Krusekopp, Nachtwächter, Schimmeier, Witwe, Peyan, Fräulein, Brawanzyk, Arbeiter Loose, Pensionär, Schwarz, Fräulein, Becker, Frau, Bahm, Frau, Göhe, Klempner, Loof, Straßenbahnschaffner, Glindemann, Schlosser, Busse, Straßenbahnführer.

Notgeld aus der Inflationszeit

Wie haben sich diese vielen Menschen vertragen können?? Das ist schnell gesagt: gut!! Es gab weder Radio noch Fernseher. Die Familiengeräusche hielten sich in Grenzen. Wurde mal gescholten, bekam Fritzchen seine »Reise« (so sagte man in Braunschweig für Prügel), so war trotz alledem Fritzchens Geschrei kaum in den Nachbarzimmern zu hören. Im übrigen waren alle wie eine große Familie, jeder war bereit Last oder Freude mit dem Nachbarn zu teilen. Brauchte Hermine Preuß etwas Senf, so ging sie zu ihrer Nachbarin: »Auguste, hest de woll en beten Senf vor mick?«, und wenn eines der vielen Kinder im Hause krank lag, so bangten alle Familien und bemutterten den kleinen Patienten, sie brachten ein paar »Bollchen«, einen »Back« und eine Menge guter Ratschläge.

Natürlich gab es auch Xanthippen, schließlich wohnten hier Menschen und keine Engel. So hatte der Fuhrmann Haberkamp auf der Reichenstraße 18a allen Grund auf sein Weib böse zu sein. Er kam nach Hause und die Bohnensuppe war wieder einmal angebrannt, weil seine Ida auf dem Flur stand und tratschte. Da klatschte er auf seine Frau ein. Sie schrie zum Gotterbarmen, daß der Bürgermeister Wilmerding, der zufällig vorbeikam, es hörte. »Sei könet doch jue Frue nich slan!« »Dat Wif klatscht un ik krieg kein Äten!« »Dat mot sei ok nich maken, Fru Haberkamp!« Und was sagt das freche Stück? »Sei bruket sich nicht in Ehlütsaken tau stäken!!«

In den Gassen gab es viele Material- und Kolonialwarenläden. Es waren Lädchen, die wir heute als »Tante Emmaläden« bezeichnen.Diese Kleinkrämer hatten zu allen Kunden seit Jahren ein persönliches Verhältnis. Karl Baumann etwa, Nickelnkulk 35, schrieb eben für die Witwe Frieda Knospe die paar Pfennige an, weil sie heute kein Geld hatte. Er tat das, obschon in seinem Lädchen ein großes Schild verkündet: »Borgen ist ein zweifach Pech, die Ware los, der Kunde weg«. Bei Frieda war das etwas anderes, sie zahlte stets pünktlich zurück, Morgen bekam sie ihren Lohn für das Reinemachen bei Frau Obersleutnant von Trotha, Inselwall 9. Als Friedas Mann so plötzlich gestorben war, hatte Karl Baumann ihr oft heimlich etwas zugesteckt, seine Frau durfte das allerdings nicht wissen. Große Geschäfte wurden in den Lädchen gewiß nicht gemacht. Ein Ei kostete zeitweilig nur 3 Pfennige, ein Tassenkopf mit Senf 5 Pfennige, ein Viertel Zucker oder ein Tütchen mit »Zuckerkannig«, jetzt noch ein Paket »Bleibtreukaffee«, dann war der Einkauf geschehen. War es mehr, dann wischte der Krämer erst mal mit seiner Leinenschürze den Tresen sauber und schrieb mit Kreide die Rechnung auf den Tisch. »Fru Bosse, dat maket hüte 79 Pfennige!« Der Zucker, das Salz, Reis und gelbe Erbsen, sie wurden in schnell gedrehte Tüten aus Zeitungspapier verpackt, die meist uralte Zeitung wurde zu Hause

beim Frühstück studiert. Der Kaufmann verstand die Kunst die Tüten so zu drehen und so zu verschließen, daß sie nicht leicht aufgingen. In dem (heute) museumsreifen Lädchen standen friedlich nebeneinander das Faß mit Salzheringen, das Sauerkrautfaß, nicht weit davon war der Behälter für Steinöl (Petroleum). Im Hintergrund war das Regal mit den Schubkästen für Zucker, Salz, Kaneel, Mehl, Soda und so weiter, alles sauber etikettiert mit weißen ovalen Porzellanschildern und schwarzem Einbrennamen. Und es roch so aufregend!! Zimtgeruch mischte sich mit Herings»duft«, mit Sauerkrautgeruch und mit der Ausströmung aller Waren, die in dem liebenswerten Lädchen zu haben waren. Die lustige Wiegewaage und ihre Messinggewichte durften nicht fehlen. Wenn dann sieben Schläge vom Turm der Petrikirche zitterten, kamen die müdegearbeiteten Väter nach Hause. Zehn Stunden harter Arbeit bei Amme, Giesecke & Konegen, bei der Dampfkesselfabrik von Wilke und Co, bei Ludchen Fricke, dem großen Speditionsgeschäft, hatten sie hinter sich. Die alten Treppenstufen, selber müde, knarrten unter den schweren Schritten. – In der Dämmerung, am liebsten gar im Dunkel, füllte sich die Gasse noch einmal mit spielenden Kindern, die kurz vor dem Zubettgehen in den schummrigen Ecken und Winkeln der krummen Gassen »Eckü«, Kriegen und Verstecken spielten. Die Kinder wissen nicht, daß sie mit ihrem Freischlagen einem uralten Recht zur Auferstehung verhelfen: der Verfolgte war frei,

Die Däle des Bierbaumschen Hauses war (vor der Ausbombung) seit dem Nachmittelalter erhalten geblieben. Sie zeugte von der Schönheit der Wohnkultur reicher Kaufherren

wenn es ihm gelang, in einer Freistätte, etwa der Burgfreiheit oder Ägidienfreiheit Zuflucht zu finden: »Eins-zwei-drei – ich bin frei« – Nun wurde es aber Zeit für die Kinder in die Buntkarrierten zu schlüpfen. Zwar mußten vielfach Idas und Annas in einem Bett schlafen, für jedes Kind ein eigenes Bett war bei vielen Familien nicht möglich, aber wohlig und warm lagen sie dennoch in dem Bett. Auch Vater und Mutter machten sich nun fertig, zu Bett zu gehen. Morgens um vier Uhr schon mußte Vater aufstehen, denn er sollte um fünf Uhr im Stall bei Louis Fricke auf der Broitzemer Straße sein, weil er Punkt sechs vom Hofe fahren mußte. Er lag schon im Bett und sägte laut und vernehmlich, das blau-weiß gestreifte Arbeitshemd hatte er anbehalten, mit dem Pyjama mußte er noch einige Jahrzehnte warten. Die Mutter hatte allerdings noch manches für den kommenden Morgen zu richten. In Ferdinands Hose war doch wieder ein Loch, das mußte noch gestopft werden. Schließlich aber war alles getan, die Grude, Schlossermeister Rautmann, Reichstraße 8, hatte sie gebaut, war geschürt und neuer Grudekoks

aufgeschüttet worden, nun konnte auch sie sich für die Nacht zurechtmachen. Die Haare wurden straff gekämmt, dann die Barchentjacke, die »Nachtjacke«, über den Unterrock gezogen und der Wecker gestellt. Bald war tiefe Stille, Stille im ganzen Hause. Auf der Gasse war kein Laut zu hören. Im Hause knarrte wohl mal ein Balken, es klang, wie das schlaftrunkene Atmen des alten Hauses, das in seinem hundertjährigen Dasein selbst etwas Menschliches geworden war.

Zehn, zwanzig und mehr Jahre gingen dahin, es änderte sich im Grunde wenig an der Art zu leben. Zwar zog die Technik ein, anstelle der Petroleumlampe kam die Gasbeleuchtung. »Aennae, stich mich mal den Gas an«, hieß es dann, wenn die Gaslampe angezündet werden sollte. Schließlich kam die elektrische Beleuchtung in die Häuser, die hygienischen Verhältnisse wurden besser, aber die Liebe zum Heim, zu den Häusern in den krummen Gassen, sie blieb. Und die Zusammengehörigkeit der vielen Familien in einem Hause, auch sie blieb, ja, sie wurde gefestigt, als die Schrecken des Bombenkrieges täglich schlimmer wurden. Wie oft mußten die armen Kinder aus dem Schlaf gerissen werden, damit sie im Bunker an der Okerstraße oder am Inselwall Schutz finden konnten. Und dann kam die Nacht des 15. Oktober 1944, die Nacht, in der Braunschweig starb.

Das grausige Geschehen kündigte sich mit einer Drahtfunkmeldung an:

»Feindliche Verbände im Anflug auf Braunschweig«.

Was in den 25 Minuten des Bombenwurfes vernichtet wurde, entnehmen wir der »Braunschweiger Tageszeitung«:

». . . mit schwarzem Gesicht und roten Augen stehen wir zwischen glühenden Sparren und lassen müde den Spaten sinken. Schritt um Schritt tasten wir über heiße Balken und Steine und werden immer wieder festgehalten von Ruinen einer brennenden Stadt. Vertraute Bilder, die seit Kindheitstagen unser eigen waren, sind nur noch qualmende Schutthaufen, aus denen Kamine, Giebelwände und Türen gespenstisch gen Himmel ragen. Was Tausende fleißiger Hände einst schufen, was Generationen geschaffen haben, ist in einer Nacht, in einer grauenvollen Stunde vernichtet worden. Wohin das Auge blickt, nichts als teuflische Verwüstung, die der Verstand nicht zu begreifen vermag und das Herz zornig beweint. Wir können nur noch aus der Erinnerung von Braunschweigs berühmten Stätten reden, aber wir werden es tun, damit Kinder und Kindeskinder bewußt werden, die Erben einer stolzen Vergangenheit zu sein. . .«

Man könnte Gerhard Hauptmanns Worte, als er den Untergang Dresdens erlebt hatte, auf Braunschweig abgewandelt aussprechen:

»Wer das Weinen verlernt hat, der lernt es beim Untergang Braunschweigs.«

Doch den Niedersachsen, die ja die Braunschweiger sind, den Nachfahren zupackender Hansekaufleute, liegt es nicht, beim Unglück zu jammern und die Hände resigniert in den Schoß zu legen. Bald schon spuckte man in die Hände, überall regte es sich, den Schutt fortzuräumen. Bei der riesigen Menge, es waren zweieinhalb Millionen Kubikmeter Masse, reichten die Schaufeln nicht aus, es wurden Bahngleise gelegt, und eine »Trümmerbahn« schaffte wochenlang, damit erst einmal Flächen frei wurden für eine Bestandsaufnahme. Da erst zeigte sich das erschütternde Ausmaß der Verluste! Weite Flächen starrten den Beschauer an, die gesamte Altstadt war ausradiert worden.

Das heutige Braunschweig ist eine junge aufstrebende Großstadt, inmitten der Kraftfelder VW-Werk im Nordosten und Salzgitterwerke im Südwesten. Im Alltag dieser Stadt bleibt keine Zeit zum Träumen, alle Kraft gehört der Gegenwart, sie verlangt ganze Männer.

Aber auch der härteste Alltag bringt einen Feierabend, eine blaue Stunde, in der das Erinnern an alte Zeiten aufsteigt und Bilder der Vergangenheit lebendig werden. Das ist die Stunde, in der die Weisheit Wilhelm Raabes zu uns spricht:

»Nun ist's geschehen,
Aus allen Räumen
Hab ich gewonnen
Ein holdes Träumen.
Nun sind umschlossen
Im engsten Ringe,
Im stillsten Herzen
Weltweite Dinge.«

Blick in die noch unzerstörte Fallersleber Straße

Der Blick von der gleichen Stelle aus, der das Ausmaß der Zerstörung der Fallersleber Straße zeigt

Die Trümmerbahn im Bilde schafft den Bombenschutt der Häuser um den Wollmarkt fort. Rechts sind zerstörte Teile der Kirche sichtbar. Der Qualm davor ist kein Feuerqualm, das war ausgestanden, es ist der Qualm der Lokomotive

◁ *Die zerstörte Altstadt (Lange Straße, evtl. Weberstraße). Das Ausmaß der Verwüstungen ist so groß, daß man nur vermuten kann, um welchen Straßenzug es sich handelt*

◁ *Ruine des Schlosses mit Durchblick zum Turm des Rathauses. Es entbrannte um die Erhaltung bzw. den Abriß der Schloßruine – das Schloß wurde durch Bomben 1944 zerstört – ein heftiger Streit zwischen kommunalen Behörden und privaten Verfechtern zur Erhaltung des Baues. Der Großkaufmann Boreck ließ auf seine Kosten ganze Seiten in der Tageszeitung mit aufklärendem Text drucken. Vergeblich! Im Jahre 1950 wurde die Ruine abgetragen und an ihrer Stelle der Schloßpark angelegt.*

Ruine des Bierbaumschen Hauses an der Ecke Wilhelmstraße, heute Siemensbau

Der Feuersturm nach dem Bombenabwurf im Oktober 1944. Ein Gemälde von Walter Hoeck im Besitz der Landesbank (Staatsbank). Der Feuersturm riß fast allen Sauerstoff mit, so daß sogar das Atmen schwer wurde. Am Morgen des nächsten Tages legte sich ein dichter Nebel über die Stadt, eine meteorologische Folge des Feuersturms

Das Bildmaterial, wie es sich der Verfasser für den Band wünschte, war zum Teil nicht zu beschaffen, weil die Archive (Zeitung und Privatbesitz) durch die Bomben völlig zerstört wurden. Dennoch, und das ist erstaunlich, fanden sich viele Bilder, die das untergegangene Braunschweig für unser Auge wiedererstehen lassen.
Dank sagen darum Verlag und Verfasser für die Überlassung von Bildern dem Leiter des Stadtarchivs sowie seinen Mitarbeitern, die eifrig suchten, ferner Herrn Oberbürgermeister Jaenicke sowie Frau Kalanke, von der städtischen Bildstelle, und der Oberkustodin Frau Dr. Wiswe vom Landesmuseum, die dem Verfasser jede Unterstützung gewährten.
Restliches Bildmaterial wurde von einigen ungenannt bleiben wollenenden Braunschweigern zur Verfügung gestellt. Wir bitten um Verständnis, daß auf Nennung der Bildquellen, bzw. der Namen der Fotografen, die zudem zum Teil nicht bekannt sind, verzichtet wurde.
Literaturhinweise.

Aktenbestände des Stadtarchivs, diverse Firmenveröffentlichungen, Ina Seidel »Drei Städte meiner Jugend«, Verschiedene Bände der »Landeszeitung«, des »Allgemeiner Anzeiger«, der »Neueste Nachrichten«, ferner W. Spiess »Chronik der Stadt Braunschweig 1801 bis 1950«.